孙禄堂武学录

孙剑云 编

著

人民体育出版社

孙禄堂先生像

一代武林宗师
永垂典范传人
红线传承一生大师

徐才
九三年新春

徐才同志题词

武林风范

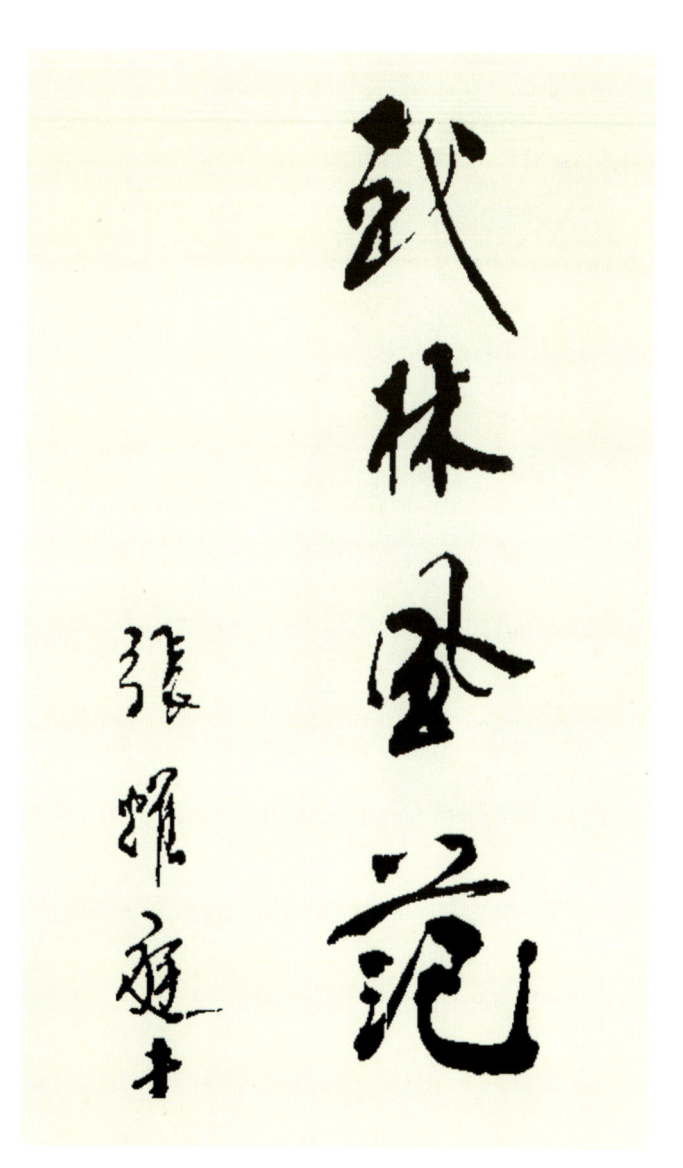

张耀庭

张耀庭同志题词

青年从戎

担任陆军步兵中尉七等文虎章

中年时摄于北京绒线胡同旗守卫寓所

老年时摄于上海半淞园

孙禄堂先生、夫人张昭贤女士及女儿剑云合影（1933年秋）

孙禄堂先生（59岁）和女儿剑云（6岁）

孙禄堂先生陵墓

孙禄堂先生墓碑正面

孙禄堂先生墓碑碑文

孙禄堂先生五部著作原版

孙禄堂先生的书法墨宝

致柔拳社成立6周年合影（第三排左八为孙禄堂，左七为孙夫人张昭贤，左六为孙剑云，左二为孙存周，左四为振女孙孟吾）

孙禄堂之女、武术八段孙剑云

荣膺中国武术八段

在授段仪式上，与前中国武协主席徐才先生合影

八十寿诞，弟子们隆重祝贺

积极培养武术新苗

热情辅导洋弟子

香港孙式太极拳研究学会成立

美国孙式太极拳研究会成立

孙禄堂武学录

孙禄堂著　孙剑云编

人民体育出版社

图书在版编目（CIP）数据

孙禄堂武学录 / 孙禄堂著；孙剑云编． -北京：人民体育出版社，2000（2021.1.重印）
ISBN 978-7-5009-1997-1

Ⅰ.孙… Ⅱ.①孙… ②孙… Ⅲ.武术-体育理论 Ⅳ.G852.01

中国版本图书馆 CIP 数据核字（2000）第 37770 号

*

人民体育出版社出版发行
国铁印务有限公司印刷
新 华 书 店 经 销

*

850×1168　32 开本　13.25 印张　200 千字
2001 年 1 月第 1 版　2021 年 1 月第 11 次印刷
印数：47,251—50,250 册

*

ISBN 978-7-5009-1997-1
定价：45.00 元

社址：北京市东城区体育馆路 8 号（天坛公园东门）
电话：67151482（发行部）　　邮编：100061
传真：67151483　　　　　　　邮购：67118491
网址：www.sportspublish.cn

（购买本社图书，如遇有缺损页可与邮购部联系）

前言

先父禄堂公，讳福全，晚号涵斋，河北省完县人（今属望都县）。自幼酷爱武术，初拜形意拳名家李奎垣为师，实从郭云深（李奎垣之师）习练形意拳最久。后又师八卦拳名家程廷华习练八卦拳，师太极拳名家郝为真先生习练太极拳。先父禄堂公专心致志数十年，苦练钻研，功臻化境，冠绝时辈，堪称一代宗师。

先父一生光明磊落，武德高尚，深谙形意拳、八卦拳，以多年研究武术的化境之功，广博学识，参以《周易》之理，冶形意拳、八卦拳、太极拳于一炉，融会贯通，创立了卓然自成一家的孙式太极拳，贡献卓越。先父为振奋中华民族精神，洗雪"东亚病夫"之国耻，曾挫败俄国大力士，并打败日本大正天皇钦命武士板垣一雄，威震海内外，被武术界誉为"虎头少保，天下第一手"。先父曾任中央国术馆武当门门长，江苏省国术馆副馆长（兼教务主任），曾设教于河北，天津，南京，上海，北京等地。桃李遍天下。

为使中华武术不致湮没不彰，先父除习武设教外，并挥毫著书立说，先父将形意拳前辈大师戴龙邦、李洛能、郭云深，八卦拳前辈董海川、程廷华等人所传之拳意真髓，汇集整理并参以自己研究拳理的心得，写出了《拳意述真》一书。这本书至今仍是我们研究拳学的最珍贵的材料之一。先父还写出了《八卦拳学》《形意拳学》《太极拳学》及《八卦剑学》等专著。早在20年代初就盛行于海内外，被誉为武学经典。书中讲武法，谈技艺，论拳理，启示后学。这些著作至今仍是研究中华武术的宝贵经典。

先父的5本武学专著于60多年前初次出版，珍藏本已极为罕见。为了继承和弘扬中华武术，满足广大习武者的要求，现将这5本武学专著汇集出版，由竖排版改为横排版，并加以标点符号，使用规范字，以方便读者。为保存本来面目，书中照片均为先父本人原照，文字内容未变。

参加汇编、点校本书的学生有：童旭东、刘清淮等多人，恕不一一举名，谨此一并致以谢意。

孙剑云

1999年6月

目 录

形意拳学…………………………………………(1)
八卦拳学…………………………………………(115)
太极拳学…………………………………………(175)
　附：孙式太极拳的特点和要求 ………孙剑云(257)
拳意述真…………………………………………(261)
八卦剑学…………………………………………(331)
附录：
　详论形意八卦太极之原理………………………(375)
　论拳术内家外家之别……………………………(377)
　缅怀我的父亲孙禄堂………………孙剑云(380)
　孙禄堂先生行状……………………许禹厚(383)
　孙禄堂先生传………………………陈微明(385)
　孙禄堂小传………………………………………(386)
　一代宗师　千秋武圣……………………………(389)
　　　——孙禄堂先生生平
　孙禄堂先生生平及大事记………………………(397)
　部分报刊文摘(影印)……………………………(410)
　孙式太极拳传系表………………………………(412)

形意拳學

形意拳学序

　　武力诸技术，率皆托始达摩，而支分派别，真以伪杂，或利用而不良于观，或上下进退善为容而用焉。辄窒因以致败，则传受其要也。拳法门内人言，以太极为第一门，而世俗所传绵掌，八极十二节，充其量不过一匹夫之所能。其专事吐纳导引，若五禽、八段锦，造次敌至手足无措，又无以应变。惟形意体本太极扩而发之，不穷于用。且年过可学，一介儒生，下至妇人女子，力无不可为者。而缓衣博带、无择技之至者，进乎道而通乎神。佝偻丈人，承蜩累五丸不坠，犹掇，吕梁丈夫蹈水与齐俱入，与汩偕出。庖丁十九年解牛数千，刀刃若新发于硎。庄子固多寓言，抑岂遂无其事，而故为此俱恍，以自快其所托也。书中所称拳法大师郭云深，某尝闻其力能摧壁，又令五壮佼拄巨竿于腹，一鼓气五人者皆倒退至五六步外扑地跌坐，顾终身未尝以所长加人隐死茶肆。孙君既为其再传弟子，渊源所自，术业之精，不问可决也。往岁某见有写本五公山人新城王余佑所著刀法拳术，心窃好之，而未暇录福以存，旸旸今二十年，十三刀法已梓、行，不复能忆其拳术，亶忆其主要曰意、气、力，而力不自力，他人之力，皆其力，道在用，藉极其所至可以撼山洒海，轩挂天地。凡意气之所至，皆力之所至，与今孙君所传，是否同出一源，抑源一而异其支与流。裔孙君当能知其所以然，凡所与游傥有录传其书者，尚望转以相告，勿秘藏也。

民国四年五月湘帆赵衡序

序

　　夫人生于世，享大年康强之乐，莫不得之善修者也。在古有吐纳导引之术，究不免逐偏诡正，圣人病之。今我中华昌运，宏开寰瀛之内，卫生之说溢焉。然殷忧所抱，恒见羸躯之士、枯形寡神焦肌之童，瘵体多病，其故何在？实不知修身之道也。因思人生重于完玉，知养其身而不知其所由养，徒侈谈卫身之说，庸有济乎！向尝闻之，先身而生者先天也，后身而生者后天也。先天之气在肾，后天之气在脾。先天之气为气之体，体主静，故神藏而机静。后天之气为气之用，用主动，故神发而运动，是知内五神脏之水木火土金之五气循环相生，随天地阴阳五行之气，同周流而靡间，于以达诸耳目形骸者，神发其智矣，通诸筋骨脉络者，精发其华矣。身体坚强灵明贯澈非善为修持者，安能知此。《素问》曰："上古之人，其知道者，法于阴阳。"又曰："今时之人，逆于生乐，起居无节，故半百而衰。"又曰："女子七七任脉虚，地道不通，故形坏而无子。"是知人之材，非同金石，若不善为修持，岂非夭折自取乎。顷者友人孙禄堂先生，持形意拳学示余，且诏之曰："能将此学参悟，即可得此拳之妙，能将此拳练有粗得，即可获无穷之益。"余披展玩寻渐悟一二，复请教于先生，先生曰："五行拳者，生于无极者也。无极者，乃人之无意想无形，朕先天极妙之主体，冲和之本，始太极阴阳动静之初源也。万物之生，负阴抱阳，一物一太极。太极本无极，人之真元所从而来，灵明所从而抱，五行拳生于此，而与之通。通则变，完全人身之阴阳，而保此灵明者也。永人之天年，畅达人之血脉筋骨，欲从后天反先天，而尽卫生之术者也。苟以异端目之远矣。且练此拳，非独壮男，即老人童妇皆可随便练习，有百益而无一害，虽以之强我种族可也。"余因是言而悟是学，且识先生欲寿世作人，培中国强盛之基，先生之用意，可谓大而远矣。然则此形意拳根于无极，能与阴阳合德，四时合序，迥非古时吐纳导引之术所可同日而语，尤非今日之技艺家所可望尘也。是学也。先生得诸李魁元先生之口传心授，而渊源于宋代岳武穆之发明，远创于达摩祖师，名虽为拳，实则为再造生人之秘钥，寿育世界之宏规，武而兼道，文而不腐，可为至宝。先生手作既成爱嘱余为序。余恐负先生之意，是以不揣谫陋，聊赘妄语于简端，非敢谓于先生之旨趣有合也。

大兴厚庵氏艾毓宽谨识

余从禄堂先生学形意拳术将及四载，始知式简而意精，学易而习难，无过于形意者矣。夫日月往来而明生，寒暑往来而岁成。造化一阴阳屈伸之理，形意有往体、有来体，于顺中而求逆，一屈一伸，不运气而气充，不加力而力无穷，究其功之所至，合阴阳，参造化，而与太极同体。故先生是书首论太极之体昧者。不察乃言形意非太极，岂知拳术精微之理乎？盖能得浑圆一气之意，则合乎太极式与法。其粗焉者也，世之习太极拳术者，未得浑圆一气之意，虽能演长拳及十三式之形，又乌得谓之太极耶。先生兼明形意、八卦、太极三家，故能合冶一炉，而参论之。好拳术者，虚心研察，其益于身心岂浅鲜哉。

己未春三月蕲水陈曾则序

自 序

闻之，有天地然后有人民，有人民然后有庶事，有庶事而后万民乐业，此自然之趋势也。然所以富强之道，在乎黎庶之振作。振作之主义在精神，若无精神则弱矣。人民弱，国何强？欲图国强，须使人民勿论何界，以体操为不可缺之一科。如此则精神振矣，国奚不强！前此，文武分歧，文人鄙弃武术，武人不精文理，此其中似有畛域之分焉。今国家振兴庶务，百度维新，学校之中加入拳术一门，俾诸生文武兼进，可谓法良意美已。

余幼而失学，即喜习武事，并非图猛力过人之勇，只求有益卫生之功；不以气粗力猛为勇，而以不粗不猛刚柔相济而为勇也。人有言曰："武学与文学一理。"理既同则何分轻重？然文学之士所以不讲武术者，实因有粗猛不雅之弊耳。余于形意一门，稍窥门径，内含无极、太极、五行、八卦、起点诸法。探源论之，彼太极、八卦二门及外家、内家两派，虽谓同出一源可也。后世渐分门类，演成各派，实亦势使之然耳。余习艺四十余年，不揣固陋，因本闻之吾师所口授暨所得旧谱加以诠释，盖亦述而不作之意也。余尝闻吾师云："形意拳创自达摩祖师，名为内经，至宋岳武穆王发明后，元明二代因无书籍，几乎失传。当明末清初之际，有蒲东诸冯人姬公先生讳际可，字隆风，武艺高超，经历有年，适终南山，得岳武穆王拳谱数编，融会其精微奥妙，后传授曹继武先生。曹先生即康熙癸酉科武试联捷三元，供职陕西靖远总镇者是也。先生致仕后，别无所好，惟以平生功夫授人而娱余年，以技传戴龙邦先生（山西人）。戴龙邦先生传李洛能先生（直隶人）。李洛能先生相传郭云深（直隶人）、刘奇兰（直隶人）、宋世荣（直隶人），车毅斋（山西人）、白西园（江苏人）诸先生。诸先生各收门徒，郭云深先生传李魁元、许占鳌诸先生；刘奇兰先生传李存义、耿继善、周明泰诸先生。余侍李魁元先生为师，从学数载。曾在北京白西园先生处得见岳武穆王拳谱，并非原本，系后人录抄，所论亦不甚详，惜无解释之词，只篇首有跋数行。余一是顿开茅塞，立愿续述完备，明知学术谫陋，无所发明，窃仿此谱深心研究，再照此拳各式，一一著载成书，实无文法可观，于吾所学，不敢稍有背谬。至其间有未至者，尚望诸同志随时是正为感。

中华民国乙卯正月望日保定完县孙福全谨序

凡 例

　　是编分为上下两编。提纲挈领，条目井然。

　　上编次序首揭混沌开辟天地五行之学，并附正面之式说。至形意虚无含一气之大旨，则有起源而侧身向右之式说附焉。斯二者，乃形意拳之基础也。由总纲形意无极之说起，至第五节演习之要义，更由第一章劈拳至七章十二节五行生克学，是为上编条目，按次练习，始无差谬。

　　下编标举形意天地化生万物之道，为下编纲领。其第一章龙形说起，至十四章二十二节安身炮学终，为下编条目。其中有单行，有对舞。单行者，单独练习，对舞者，二人比式。分甲乙上下之手。各开门起点，进退伸缩变化诸法，一一详载。体操时，凡一动一静，按此定法，不使紊乱，则此拳之全体大用功能，庶几有得，可为无用中之大用矣。

　　是编为体操而作。只叙形意拳之实意，议论但取粗俗易明，原非等于词藻文章，固不得以文理拘也。

　　是编，除各式之指点外，其他一切引证，均与道理相合。迥非怪力乱神之谈所可比拟。学者不得以异端目之。

是编，发明此拳之性质，纯以养正气为宗旨。固非拳脚谱、八段锦诸书所可比伦。今将十二形拳始末诸法，贯为全编，使学者一目了然。

体操一门，种类繁多。惟形意拳法，系顺天地自然之理，运用一派纯正之气，勿论男女妇孺及年近半百之人皆可练习。一无折腰曲腿之苦，二无跃高纵险之劳，且不必短服扼腕，随便常服，均可从事。此诚武业中文雅事也。

此体操较别项体操不同。别项体操有或尚劲力，或进柔软，或讲运气，以至刀矛技艺等等不一。皆非同此拳之妙用，故不能脱俗。

此十二形之体操，关系全身精神。久疾者能愈，不起者能痊，又不仅于习拳已也。

是编每一形各附一图，使十二形之原理及其性质切实发明，用以达十二形之精神能力巧妙。因知各拳各式，总合而为一体，终非散式也。

附图悉用电照，以免毫厘之失。学者按像模仿，实力作去，久则奇效必彰，而非纸上谈兵矣。

形意拳学目次

上编　形意混沌辟开天地五行学…………(15)
　总纲　形意无极学…………………(15)
　第一节　形意虚无含一气学…………(16)
　第二节　形意太极学…………………(16)
　第三节　形意两仪学…………………(18)
　第四节　形意三体学…………………(19)
　第五节　形意演习之要义……………(20)
　第一章　形意劈拳学…………………(21)
　第二章　形意崩拳学…………………(24)
　第三章　形意钻拳学…………………(28)
　第四章　形意炮拳学…………………(30)
　第五章　形意横拳学…………………(33)
　第六章　五拳合一进退连环学………(36)
　第七章　五拳生克五行炮学…………(44)
下编　形意天地化生十二形学…………(51)
　第一章　龙形学………………………(52)
　第二章　虎形学………………………(54)

第三章　猴形学……………………………(57)

第四章　马形学……………………………(61)

第五章　鼍形学……………………………(63)

第六章　鸡形学……………………………(65)

第七章　鹞形学……………………………(71)

第八章　燕形学……………………………(74)

第九章　蛇形学……………………………(77)

第十章　鲐形学……………………………(80)

第十一章　鹰形学…………………………(83)

第十二章　熊形学…………………………(84)

第十三章　十二形全体合一学(杂式捶)……(87)

第十四章　十二形全体大用学(安身炮拳)…(99)

上编
形意混沌辟开天地五行学

总纲　形意无极学

无极者，当人未练之先，无思无意，无形无象，无我无他，胸中混混沌沌，一气浑沦，无所向意者也。世人不知有逆运之理，但斤斤于天地自然顺行之道，气拘物蔽，昏昧不明，以致体质虚弱，阳极必阴，阴极必死。于此摄生之术，概乎未有谙也。惟圣人独能参透逆运之术，揽阴阳、夺造化、转乾坤、扭气机，于后天中返先天，复出归元。保合太和，总不外乎后天五行拳、八卦拳之理，一气伸缩之道。所谓无极而能生一气者是也。

第一式

起点面正，两手下垂，两足为九十度之式。此式是顺行天地自然之道，谓之无极形式也(图1)。

图1 无极图

第一节 形意虚无含一气学

虚无者，○是也，含一气者，①是也。虚无生一气者，是逆运先天真一之气也。但此气不是死的，便是活的，其中有一点生机藏焉。此机名曰：先天真一之气，为人性命之根、造化之源、生死之本、形意拳之基础也。将动而未动之时，内心空空洞洞，一气浑然，形迹未露，其理已具，故其形象太极一气也（图2）。

图2 含一气图

第一式

起点半边向右，两手下垂，左足在前，靠右足里胫骨，为四十五度之式。内舌顶上腭，谷道上提。此式是揽阴阳，夺造化，转乾坤，扭气机，逆运先天真阳，不为后天假阳所伤也。

第二节 形意太极学

太极者，属土也，在人五脏属脾，在形意拳中之横拳，内包四德（四德者，即劈、崩、钻、炮之拳名也）。形者，形象也；意者，心意也。人为万物之灵，能感通诸事之应。是以心在内而理周乎物，物在外，而理具于心，意者，心之所发也。是故心意诚于中，而万物形于外，内外总是一气之流行也。

第一式

起点身法由静而动，不可前栽，不可后仰，不可左斜，不可右歪，要和而不流，中立而不倚。左足在前，右足在后，左足后根靠右足踝骨，为四十五度之式，如图是也。两肩松开下垂劲，两肘紧靠胁，两手抱心，左手在下右手在上。左手食指向前伸，平直在下，右手中指亦向前伸，平直在上，盖于左手食指之上，二指相合。头要往上顶，项要直竖，腰往下塌劲，两胯里根均平抽劲。两足后根均向外扭劲。两腿徐徐曲下，如图是也。两腿曲要圆满，不可有死弯子。身子仍不可有一毫之歪斜，心中不可有一毫之努气。起点之时，心意如同人在平地立竿，将立定之时，心气自然平稳沉静，亦无偏倚，谓之心与意合，意与气合，气与力合，此之谓内三合也。不如是心，始有一毫之差，而终有千里之谬也。故求学者宜深索焉（图3）。

图3 太极图

又云式立定之时，谓之鸡腿、龙身、熊膀、虎抱头。取名一气含四象也。"易"云：四象不离两仪，两仪不离一气，一气自虚无兆质，两仪因此一气开根也。鸡腿者：有独立之形也；龙身者：三折之式也；熊膀者：项直竖之劲也；虎抱头者：两手相抱，有虎离穴之势也。

第三节　形意两仪学

两仪者，拳中动静起落伸缩往来之理也。吾人具有四体百骸，伸之而为阳，缩之而为阴也。两手相抱，头往上顶，开步先进左腿。两手徐徐分开，左手往前推，右手往后拉，两手如同撕棉之意。左手直出，高不过口，伸到极处为度。拇指要与口平，胳膊似直非直，似曲非曲。惟手腕至肘总要四平为度。右手拉到心口为止，拇指根里陷坑紧靠心口。左足与左手齐起齐落，后足仍不动。左右手五指具张开，不可并拢，左手大指要横平，食指往前伸，左右手拇、食指虎口皆半圆形，两眼看左手食指梢。两肩松开，均齐抽劲，两胯里根亦均齐抽劲，是肩与胯合也。两肘往下垂劲，不可显露，后肘里曲不可有死弯，要圆满如半月形。两膝往里扣劲，不可显露扣，是肘与膝合也。两足后根均向外扭劲，不可显露扭，是手与足合。此之谓外三合也。肩要催肘，肘要催手。腰要催胯，胯要催膝，膝要催足。身子仍直立，不可左右歪斜。心气稳定，看阳而有阴，看阴而有阳，阴阳相合，上下相连，内外如一，此之谓六合也。虽云六合，实则内外相合，虽云内外相合，实则阴阳相合也。阴阳相合，三体因此而生也（图4）。

第四节 形意三体学

三体者，天、地、人三才之象也。在拳中为头手足也。三体又各分为三节：腰为根节（在外为腰，在内为丹田）是也；脊背为中节（在外为脊背，在内为心）是也；头为梢节（在外为头，在内为泥丸）是也。肩为根节，肘为中节，手为梢节。胯为根节，膝为中节，足为梢节。三节之中各有三节也。此理乃合于洛书之九数。丹书云："道自虚无生一气，便从一气产阴阳，阴阳再合成三体，三体重生万物

图4 两仪图

图5 三体图

张"，此之谓也。所谓虚无一气者，乃天地之根，阴阳之宗，万物之祖，即金丹是也，亦即形意拳中之内劲也（图5）。世人不知形意拳中之内劲为何物，皆于一身有形有象处猜量，或以为心中努力，或以为腹内运气，如此等类不胜枚举，皆是抛砖弄瓦，以假混真，故练拳者如牛毛，成道者如麟角，学者不可不深察也。以后演习操练，万法皆出于三体式，此式乃入道之门，形意拳中之总机关也。

第五节 形意演习之要义

形意拳演习之要：一要塌腰，二要缩肩，三要扣胸，四要顶，五要提，六横顺要知清，七起钻落翻要分明。塌腰者，尾闾上提，阳气上升，督脉之理也；缩肩者，两肩向回抽劲也；扣胸者，开胸顺气，阴气下降，任脉之理也；顶者，头顶、舌顶、手顶是也；提者，谷道内提也；横者，起也；顺者，落也；起者，钻也；落者，翻也。起为钻，落为翻；起为横，落为顺；起为横之始，钻为横之终。落为顺之始，翻为顺之终。头顶而钻，头缩而翻；手起而钻，手落而翻；足起而钻，足落而翻；腰起而钻，腰落而翻。起横不见横，落顺不见顺。起是去，落是打。起亦打，落亦打，打起落，如水之翻浪，是起落也。无论如何起、落、钻、翻、往、来，总要肘不离胁，手不离心。此谓形意拳之要义是也。知此，则形意拳之要道得矣。

第一章　形意劈拳学(劈拳)

劈拳者(属金)是一气之起落也。前四节三体重生万物张，三体总是阴阳相合。阴阳相合总是上下内外合为一气。故其形象太极，是三体合一，是气之静也。气以动而生物。其名为横，横属土，土生万物，故内包四德。按其五形循环之数，是土生金也。故先练习劈拳。劈拳者，是气之起落上下运用之，有劈物之意，故于五行之理属金。其形像斧，在腹内则属肺，在拳中即为劈。其劲顺则肺气和；其劲谬则肺气乖。夫人以气为主，气和则体壮，气乖则体弱。体弱则必病生，而拳亦必不通矣。故学者不可不先务也。

第一节

起点时，先将左手往下直落到丹田气海处(俗名小腹)，再由脐往上钻到口。手如同托下颏状，再与左足一齐往前起钻。手心朝上，攥上拳往前钻与足相齐，高不过眼，低不过口。左足往前垫步时，远近随乎人之高矮，只要身体前走不费力为至善处。落时左足尖往外扭，足尖相对如九十度之象限。如图是也。此时裆要内开，右手从右边拉到右胁，手心朝上靠住(图1—6、图1—7)。

图6 三体式

图7 劈拳

图8 劈拳

第二节

再出时，与右足齐去，右手出时，随出随翻，到前手时，右手心朝下，右手中指于左手食指根上出手，徐徐拉开，右手往前推，左手往后拉。手足齐落，仍与三体合一之式相同，是展开四平前后梢也。再往前进与左式相同，左右进退起落形式，行如槐虫，起如挑担之意。回身看地之远近勿拘。

第三节

无论远近，出去左手左足再回身。取天左旋之义也（身本右转，因劈拳属金，故取天左旋之义）（图9）。

第四节

回身时，将左手左足一齐扭回。左足在后，如图形是也。左手挽回在左胁心口边靠住，右手与右足并身回向后来。右手右足出式，仍如同三体合一之式。左手左足起式钻翻相同，左手左足出去，仍与往来练时左右出手起落相同（图10）。往来趟子多寡，须自己随便勿拘。若是人数多者，或十数人，或数百人，以至千万人，往来趟子多寡，总要按练时预备的口令，教习所教，为定行止可也。

图9 劈拳

图10 劈拳

第五节

收式时，走到原起点处，回身仍还于起点三体式为止。惟右足要往前跟步。不可离前足太近。心沉沉稳住，提顶合口，鼻孔纳息仍如前。片时随便休息。休息时提顶出纳亦如前（图11）。

图 11 劈拳

先贤云，休息时眼不可低头下看，要微微仰头上看。只因眼上翻属阴，下翻属阳故也。眼上翻能泄阴火，头目自清。眼下翻属阳，阴火上撞，目红头晕，此之谓也。

又云舌顶上腭，口内若生津液，务将咽下腹内，以免喉内干燥，后仿此，学者谨记。

第二章 形意崩拳学（崩拳）

崩拳者(属木)，一气之伸缩，两手往来之理也，式如连珠箭。在腹内则属肝，在拳中即为崩。所谓崩拳，似箭属木者是也。其拳顺则肝气舒，其拳谬则肝气伤，肝气伤则脾胃不和矣。其气不舒，则横拳亦必失和矣。此拳善能平气舒肝，长精神，强筋骨，壮脑力，故学者当细研究也。

第一节

起点时，左右手同时将拳紧紧攥好，如螺丝形。将胳膊伸直，前左肘暗含着下垂劲，后右肘往后拉劲，亦要往下垂劲。两肩松开，两眼往前看左手食指中节。出右手时，左足极力往前进步，右手同时往前靠着胁如箭，与前拳上边相离寸许出手直去，左手同时拉回，紧紧靠住左胁心口边，右足亦同时随后紧跟，到前足后边相离四五寸许为度。起落时，左手右手俱齐，无论左手或右手在前，高低，均要与心口齐(图12、图13)。

图12 三体式　　　　图13 崩拳

图 14 崩拳

第二节

再起时，左足仍极力进步，左足仍在前，右足仍在后，紧跟相离四五寸许，与左式相同。左手起，往前如右手直去，右手仍往后拉，如左手，亦拉至右胁心口边（图14）。此形有对待错综交互之义，手数多寡，看地形之远近，自便勿拘，然无论地之远近，总要出去右手停住，再回身。

第三节

回身时，将左足勾回，亦同九十度之式，如图形是也。起时再将手心朝里，顺着身由脐往上钻到口，亦如托下颏状。回身，右腿与右手同时往上起，高矮膝与肘相离二寸许，右足尖朝外，斜着极力往上仰，勿伸脚面。此时右手仍如劈拳式钻出停住，右足极力往前进，落下亦如九十度之形式，左手同时与右足齐起齐落，右手同时往回拉至心口为度。此时两手五指张开，仍如劈拳相撕之意。左足同时跟随在后边，足尖相对右足外踝骨，足后根欠起寸许，两腿如剪子股式，两眼仍看前手拇指根食指梢。此形是狸猫倒上树之式也(图 15)。

第四节

再往回走时，右足先往前垫步，与劈拳势步相同，两手仍攥拳如前，右手与左足同时前进，仍如前，回身亦如前(见本章第一节图)。

第五节

收式时，回到原起点处，仍回身狸猫倒上树之式。再如前出去右手与左足停住，收时先将右足往后撤回，相离远近以再撤左足之时不费力为至善处，足落仍如九十度之形式，左足亦往后撤，仍如剪子股式。左手与左足同时往前直出，右手与左足同时往后，拉至心口靠住，两手皆拳。每逢剪子股式，左膝紧靠右腿里曲，裆内不可有缝，紧紧摽住力，亦不可过与不及。此时两眼仍看前手食指中节。食指中节仍与心口相平直，两肩、两胯里根抽劲仍如

图 15 崩拳

图 16 崩拳

前，顶提亦如前。沉沉稳住，片时随便休息（图16）。

第三章 形意钻拳学（钻拳）

钻拳者（属水），是一气之曲曲流行，无微不至也。钻上如水在地中忽然突出，亦如泉水之上翻似闪。在腹内则属肾，在拳中即为钻。所谓钻拳似闪属水者是也。其气和则肾足，其气乖则肾虚，清气不能上升，浊气不能下降矣。其拳不顺真劲不能长，拙劲亦不能化矣，学者当知之。

第一节

起点时，两手攥拳，先将前足如劈拳式，往前垫步，远近亦相同。前手心朝下，后手心朝上，出手时左手往回，拉至心口下脐上，拇指里根紧靠腹，右手出时，于左手背上出去，钻出手高不过眉，手心仍朝里对眼，手离眼尺余停住。右足进步，亦同时与右手齐去极力前进，两足相离远近，

图17 三体式

亦与劈拳步相同，手足起落仍要齐。两肩两胯抽劲，仍与前三体式同，腰塌劲亦然，惟眼上翻看拳手心（图17、图18）。

第二节

再起，右拳手腕往外扭劲，手心朝下。左手腕往里扭劲，手心朝上。右足垫步，两手两足起落进步，仍与左式相同，勿差分毫。手数多寡，仍看地形远近自便。然无论远近，亦总出去左手再回身（图19）。

图 18 钻拳

第三节

回式时，左足勾回（逢足往里勾，足后根极力往外扭劲为要），左手同时将拳扣回至口处，手心朝下，手腕往外扭劲停住，右拳手腕往里扭劲，扭至手心朝上。如劈拳钻出，两手仍如前法起落，右足同时与右手

图 19 钻拳

齐起齐落，仍如左右阴阳相摩之形式(图20)。

第四节

收式时，走到原起点处，惟要右式。左手左足在前停住，回身手足起落，与右式相同，头顶塌腰之劲也然。收时左足极力进步，与前无异，惟右足紧跟在后，亦如劈拳收式跟步相同，稳住片时休息如前(图19)。

图20 钻拳

第四章 形意炮拳学(炮拳)

炮拳者(属火)，是一气之开合，如炸炮忽然炸裂，其弹突出，其性最烈，其形最猛。在腹内则属心，在拳中而为炮。所谓炮拳似炮属火者是也。其气和则心中虚灵，其气乖则心中朦昧，其人必愚矣。其拳和则身体舒畅，其拳谬则四体失和矣。学者务深究此拳也。

第一节

起点时，身子勿移动，右手靠着身子先推出，与左手合成一气，再与左足一并极力往前出，惟左右手

徐徐往下斜着伸去，右足随后起。与左踝骨高相齐。进至左足里踝骨时勿落，两手一气，一齐攥拳，往回提至小腹左右靠住。两手心皆朝上，左足同时与两手提起，右足亦同时落地，左足亦同时提起，紧紧靠住右足里踝骨。身子仍如阴阳相合之式。腰要极力塌劲稳住(图21、图22)。

图 21 三体式　　　图 22 炮拳

第二节

　　进步时，左手顺着身子往上钻，肘往下垂劲，拳钻至头正额处，右手同时起至心口边处。此时左手拳外腕极力往外扭劲，至手心朝外，手背紧靠正额，右

图 23 炮拳

图 24 炮拳

手同左手翻时由心口直出，与崩拳相同。左足极力一齐与右手往前进步，右足随后跟，相离远近亦与崩拳步相同。左足在前，右足在后，右手在前，左手在上正额处，亦是错综之义。两眼看前手食指中节。前拳高低仍与心口平，手足起落，钻翻进步，总要齐全为佳，两肩均松开抽劲，取其虚中之义也(图23)。

第三节

换式，先将两手腕均朝里扭劲，往小腹处落下，手心朝上，紧紧靠住，两肘亦靠住两胁，左足亦同时往前垫步，足要直出停住，再起右足靠着左足踝骨往右边斜着进步，与左式相同。右手顺着身子钻上去到头正额处，手腕往外扭劲，手心朝外，手背靠着正额。肘要垂着劲翻手，左手同时到心口边出去，与右足齐出，左足跟步，亦与左式相同。肩抽劲仍如前式，手数多寡自便，无论手数多少，出去左手右足再回式(图24)。

第四节

回式时，两手仍如前落在小腹处，右足极力回勾，与手同时起，身子向左转，左足提起，靠住右足里踝骨，仍然如前。左足极力斜着进步，右足随后跟步如前，右手出去仍如前，左手上钻翻扭劲亦如前(见图22)。

第五节

收式时，到原起点处，仍然左手与右足在前，身子仍向左转。手足仍如前法回身相同，右手左足出去稳住，不可慌，稍停片时休息(见图23)。

第五章　形意横拳学(横拳)

横拳者(属土)，是一气之团聚也。在腹内则属脾，在拳中而为横。其形圆，其性实，其气顺，则脾胃和缓；其气乖，则脾虚胃弱，而五脏必失和矣。其拳顺，则内五行和而百物生；其拳谬，则内气必努力矣，内气努则失中，失中则四体百骸无所措施，诸式亦无形矣。其气要圆，其劲要和，万物土中生，所谓横拳似弹属土者是也。先哲云："在理则为信，在人则为脾，在拳则属横。"

人而无信，百事不成。人伤其脾，则五脏失调。横拳不和，百式无形。此言形名虽殊，其理则一也。横拳者乃形意之要著也。学者不可不慎详之。

第一节

起点时，两手一齐攥拳，左拳手心朝上，右拳手心朝下。出手时将右手背往左肘下，出去向左手背，此时左手停住劲，不可移动，俟出左足时，右手与左足相错综着斜出，右足随后跟步在后。两足相离远近，如炮拳跟步相同。进步时右手拧住劲，手腕向里翻，翻至手心朝上，连翻带拧，直往前钻到极处为度，不可有曲劲。左手腕向外拧劲，至手心朝下，手背向上，同时向后拉，至右肘停住。两手分开时，如同两手撕棉不开之意。两肩均合住抽劲，如同扣胸之状，暗含着抽，可莫显露着抽。心不可使努力，要自然为妙。此时两眼看右手心，两胳膊如同太极单阴阳鱼形，前手高低与前胸平（图25、图26）。

图25 三体式

第二节

换式，先将左足往前垫步，再往右边斜着进步，仍与炮拳步相同。惟两手如左式，将右手停住劲，左手再起右肘下边手背朝上往前奔右手背。左手腕朝里拧劲，直往前钻，连钻带拧劲，直钻到极处，手心朝上停住。右手腕朝外拧劲，连拧带往后拉，至左肘手背朝上手心朝下停住。两手分开时，也如同左式撕棉之意。两胳膊仍如太极单阴阳鱼形。手足仍错综着，抽劲仍如前，眼看亦仍如前式，手数多寡仍自便。无论远近，出去左手右足，再回式(图27)。

第三节

回式时，先将右足极力往里勾回，足后根极力往外扭劲，左手停住劲，回身向

图 26 横拳

图 27 横拳

右转。右手背朝上，仍从左肘下往前至左手背处出手，左足同时与右手进步出去，两手分开之劲，仍如前式，勿更易(图 28)。

第四节

收式时，走到原起点处，左手右足在前，回身仍与前回身式相同。回过身时，右手左足在前，进步、跟步仍如前式，停住(图 27)。

图 28 横拳

第六章　五拳合一进退连环学（连环拳）

连环者，是五行合一之式也。五行分演，而为五行拳(五纲之谓也)。合演而为七曜连珠(连环之谓也)，分合总是起钻落翻阴阳动静之作为。无论如何起钻落翻，总是一气之流行也。起落钻翻亦是一气流行之节也。中庸曰："喜怒哀乐之未发谓之中，发而皆中节谓之和。"拳技亦云："起钻落翻之未发谓之中，发而皆中节谓之和，中也者形意拳之大本也，和也者，形意拳之达道也。五行合一，致其中和，则天地位，万物育矣。若知五行归一和顺，则天地之事，无不可摧矣。

天为大天，人为一小天。天地阴阳相合能下雨，拳脚阴阳相合能成其一体，皆为阴阳之气也。内五行要动，外五行要随，静为本体，动为作用。若言其静，未露其机。若言其动，未见其迹。动静正发而未发之间，谓之动静之机也。先哲云："知机者其神乎。"故学者当深研究此三体相连。二五合一之机也。

第一节

起点时，两手攥上拳。进步与崩拳同式。如行军直阵形之理(图29、图30)。

图29 三体式　　　　　图30 连环拳

第二节

退步与崩拳收式剪子股式同,如行军出左翼,谓之青龙出水(图31)。

第三节

再换式为黑虎出洞。出右手右足,右足出去要直,左足随后跟步,足仍斜着,后足里踝骨相对右足脚后根。右手从右胁与心口平着直出,拳仍与崩拳相同。两眼看右手食指中节,左手腕朝里扭劲,手心朝上,与右手同时往后拉,拉至左胁停住。两手出拉之时,两肩里根均往回扭劲,进步之时,两胯里根亦均往回抽劲。此式名黑虎出洞,与行军出右翼同理(图32)。

图31 青龙出水

第四节

先将右手屈回,在心口下边与左拳相对,两手心紧靠腹,再将两手腕向外扭劲至两手背向里,一起徐徐往上起,至头正额上边,再往前后如同一条线分开到极处，两拳如同画一上半圆形，伸至两拳前后相对、均与肩平时停住。然后左足极力往后垫步，两拳一齐往下落，如同下半圆形落至小腹处，两肘靠胁，左手张开，右手仍是拳，手背落至左手掌中。手起时两眼看两拳，手落时两眼看右手随着下落。右足同时与两手往回撤至左足处，右足仍直着，足后根紧靠左足里踝骨。身体要三曲折形，惟腰极力塌下劲。两肩两胯均如前抽劲，头仍顶住劲。身要稳住，两眼再往前看。此谓如行军阵图两翼翕张之式，故名白鹤亮翅(图33)。

第五节

再变为炮拳。将右手往上钻，钻至头正额，手腕向外扭劲，手背仍靠正额处，左手亦同时钻至心口直往前

图 32 黑虎出洞

图 33 白鹤亮翅

出。右足同时往前进步，左足亦随后紧跟步，与单习炮拳均皆相同，惟此式直往前进步，不斜着走步，停住。此谓两翼合一直进，名为锐形，故名曰炮拳(图34)。

第六节

再变为劈拳。左手往下落似半圆形，如劈拳劈物形式，落至小腹处。左足极力往后垫步要直着，左手心朝里，顺着身子往上直钻至心口，右手再直往前往下劈去。伸到极处，左手从嘴往前劈去，此时右手从左手下边拉回，两手仍似劈拳撕法撕开。右手拉至右胁停住，右足也同时退至左足，后边相离远近与劈拳式相同。两眼看左手拇指根食指梢，两肩两胯均松开抽

图34 炮拳

图35 劈拳

住劲。此时身子阴阳相合之式，腹内如同空洞相似为妙。此式取金方之义，故名劈拳式(图35)。

第七节

　　变为包裹式，亦名为横拳。两手皆先将中指、无名指、小指极力一起卷回，两手拇指、食指均皆伸直，两手心均暗含与两肩相合着抽劲，不可显露，再将左手往下落至小腹处，手腕向里裹，左肘紧靠左胁，手往上钻至口处。手腕再向外扭劲，斜着往前拧着劲出手，到极处手心朝下，虽然胳膊斜出，总是与心口出去之意。朝里裹手时，左足与左手同时回至右足踝骨前边。足尖着地，足后根欠起，再一齐同左手出去仍回原处。似落未落之时，右手手腕从右胁朝里裹劲。从心口至嘴往前钻出，到极处手心朝上。食指伸着，与嘴相对又平着，左手俟右手出时即往回拉，拉至左胁仍手心朝下停住，右足同时随后跟步(图36)。此式亦错综着，身子三折形式，小腹放在左腿根上为度。此名为包裹之式，亦名圆形，属土。

图 36 包裹式

第八节

换为狸猫上树之式。先将左足往前垫步，再起左手、右足，一齐极力前进，右手回时拉回至心口右边，左足亦同时随后紧跟步，两腿仍为剪子股式，两手皆张开，两肩两胯均齐抽劲，不可有一舛错不齐，使内气不得中和，丑态百出，拙气尽生，人虽有勇敢之心，亦不能有所得也(图37)。学者慎之。此谓狸猫上树之式，如阵图爪牙之形，又剪子股式，如擒拿是也。

图37 狸猫上树

第九节

变崩拳式。先垫右足，再极力进左足出右手，左手拉回至心口左边，右足随后紧跟步，手足用劲与两足相离远近仍与崩拳相同，不可相差分毫，停住再回身。此谓直形，亦追风赶月不放松之谓也(图38)。

第十节

回身为狸猫倒上树之式，仍与崩拳回身剪子股式相同，停住(图39)。此式如同行军败中取胜之式，故名为狸猫倒上树。

第十一节

回演仍垫右足，进左足，出右手，左手拉回，右足后跟步，形式用劲，皆与第一节式相同。

第十二节

退步出手。与第二节式相同。

第十三节

出洞。与第三节式相同。

第十四节

亮翅。与第四节式相同。

第十五节

炮拳。与第五节式相同。

图 38 崩拳

图 39 狸猫倒上树

第十六节

劈拳。与第六节式相同。

第十七节

包裹。与第七节式相同。

第十八节

上树。与第八节式相同。

第十九节

崩拳。与第九节式相同。

第二十节

倒上树。与第十节式相同。

第二十一节

收式。仍与崩拳收式相同。

第七章　五拳生克五行炮学
（五行生克拳）

前七曜连珠者，是五纲合一演习而成连环，是阴阳五行演成合一之体也。此谓五行生克变化分布之用也，又谓之五行炮拳。

前者五行单习，是谓格物修身。而后五行拳合一演习，是谓连环，为齐家，有克明德之理，此谓齐家，是五行拳各得其当然理之所用，而又谓明德之至善也。先哲云：为金形，止于劈；为木形，止于崩；为水形，止于钻；为火形，止于炮；为土形，止于横。五行各用其所当，于是乃有明德之至善之谓也。故名五行拳生克变化之道也。

第一节

预备。甲乙二人(右甲左乙下同。编者注)，合演对舞。起点时，二人分上下手，均站三体式；甲上手，乙下手，乙先进步打崩拳，甲上手用左手扣乙的右拳；甲两足后带后着，与手同时撤步，右手仍在右胁(图40)。

图40 五行生克拳

第二节

乙再打左手，仍是崩拳；甲再将左足尖向外斜横着垫步，左手起钻，仍与劈拳相同，钻至乙的左手外边，手心向里停住，右手急速从右胁向着自己的左手出去，再向着乙的头、肩劈下去，右足亦与右手同时进至乙的左足外后边落下，是劈拳能破崩拳，谓之金克木也(图41)。

第三节

乙再将左拳往上钻翻(是手腕向外翻也)，右手向甲的心口打出去，两足不动，是谓炮拳。所以崩拳属木，炮拳似炮属火，木能生火，崩拳能变炮拳，炮拳属火，火克金，所以炮拳能破劈拳也(图42)。

图41 五行生克拳

第四节

甲再将右足提起抽回，足尖向左、向外斜横着垫步，左拳往下落，向里裹劲，肘靠胁压住乙的右手，随即速将自己的右手抽回右胁，再将左足向前进步，至乙的右足里边，右拳手心向上，顺着自己身子，肘靠着胁，与左足同时向着乙的左手里边下颏钻去，两眼看乙的眼，俟其变动。此为钻拳能破炮拳。劈拳属金，钻拳属水，是金生水。劈拳能变钻拳，水克火，所以钻拳能破炮拳也(图43)。

图 42 五行生克拳

第五节

乙再将右拳抽回右胁，左手与右手同时斜着劲向甲的右肘上胳膊推去，谓之甲取乙的斜劲，两足不动，是谓横拳能破钻拳。炮属火，横属土，火生土，是炮拳能变横拳，土克水，所以横拳能破钻拳也(图44)。

图 43 五行生克拳

第六节

甲再将右手抽回，左手对乙的胸口如箭直打去，

图 44 五行生克拳　　　　　图 45 五行生克拳

两足不动，是谓崩拳。钻属水，崩拳属木。水生木，是钻拳能变崩拳。木克土，所以崩拳能破横拳也(图45)。

第七节

乙即将右手扣甲的左拳，乙再将左手、左足撤回至右足后边，如劈拳形式(图46)。

第八节

甲再打右手崩拳(图47)。

第九节

乙再将左手扣甲的右拳，乙的右拳、右足如前式撤回(图同1—51，惟左右相反)。

图 46 五行生克拳

图 47 五行生克拳

第十节

甲再打左手崩拳(图48)。

图 48 五行生克拳

形意拳学

49

第十一节

乙即将左手如单打劈拳式，从小腹处钻出在甲的左手外边，手心朝上，再出右手进右足，劈法进法各项的劲，与甲第一式相同。此式亦劈拳破崩拳，谓之金克木也。

第十二节

再演甲为乙的前式。

第十三节

乙为甲的前式，来往循环，直如一气之伸缩往来之理，若得此拳之意味，真有妙不可言处。先哲云：太极之真，二五之精，亦是此拳之意义也。

上卷终

◀下编▶
形意天地化生十二形学

　　天以阴阳五行，化生万物，气以成形，而理即敷焉。乾道成男，坤道成女，而人道生焉。天为大天，人为小天，拳脚阴阳相合，五行和化，而形意拳出焉。气无二气，理无二理。然物得气之偏，故其理亦偏。人得气之全，故其理亦全。物得其偏，然皆能率夫天之所赋之性，而能一生随时起止，止于完成之地。至于人，则全受天地之气，全得天地之理。今守一理，而不能格致万物之理，以自全其性命，岂非人之罪哉。况物能跳舞，效法于人，人为万物之灵，反不能格致万物之理以全其生，是则人而不如物矣，岂不愧哉。今人若能于十二形拳中，潜心玩索，以思其理，身体力行，知行合一，不惟能进于德，且身体之生发，亦可以日强矣，学者胡不于十二形拳中，勉力而行之哉。

　　十二形者，是天地所生之物也。为龙、虎、猴、马、鼍、鸡、鹞、燕、蛇、鲐、鹰、熊是也。诸物皆受天地之气而成形，俱有天理存焉。此十二形者，可以概括万形之理矣，故十二形为形意拳之目，又为万形之纲也。所以习十二形拳者，可以求全天地万物之理也。

第一章　龙形学

龙形者，有降龙之式，有伏龙登天之形，而又有搜骨之法，龙者真阴物也(龙本属阳，在拳则属阴)，在腹内而谓心火下降。丹书云：龙向火中出是也。又为云，云从龙，在拳中则谓龙形。此形式之劲，起于承浆之穴(即唇下陷坑处，又名任脉起处)，与虎形之气轮回相接，二形一前一后、一升一降是也。其拳顺，则心火下降，其拳谬，则身必被阴火焚烧矣，身体必无活泼之理，而心窍亦必不开矣。故学者，深心格致，久则身体活泼之理自然明矣。

第一节

起点三体式。先将左足尖向外扭，斜横着朝前垫步，足心欠起；右足扭直，足尖着地，足后跟欠起。两手如劈拳，右手出去，左手抽回。两胯里根松开劲，身子伏下，小腹全放在左腿上，如龙下潜之意。两眼仍看前手食指，手仍与心口平。腰仍然塌劲。两肩松开，抽劲仍如前法式，稳住再换(图49、图50)。

第二节

换式，将右手如劈拳搂回钻出。左手出去，两手仍如劈拳，惟两腿调换，左腿抽至后边，如右足式。

图 49 三体式　　　　　图 50 龙形

右腿进至前边如左足式。两腿抽换之时，与两手同时起，如飞龙升天之意，落下四梢俱要齐，抽换之时身子不可往上起，头要暗含着顶劲，身子总有上起之形，乃随着意而起也。稳住再换式(图51)。

第三节

再换式。两手起落，两腿抽换，两肩两胯松开抽劲仍然如前，惟换式钻手之时，眼跟着手往上看，下颏往前伸，又往上兜劲，取任脉起于承浆之意也。数之多寡自便(见图50)。

第四节

收式仍还于左式，右手、左足在前，稳住。再将右手抽回，左手出去。仍还三体式休息(见图51)。

第二章　虎形学

虎形者，有伏虎离穴之式，而又有扑食之勇也。在腹内为肾水，清气上升，丹书云：虎向水中升是也。又为风，风从虎。在拳中而为虎扑，臀尾(名督脉，又名长强)。起落不见形，猛虎坐卧出洞中是也。其拳顺，则清气上升，而脑筋足矣。其拳逆，则浊气不降，而诸脉亦不贯通矣。医书云：督脉为百脉之原，督脉一通，诸脉皆通，即此意也。学者务格其虎形之至理，而得之于身心，以通诸窍。

图51 龙形

第一节

起点仍是三体式。先将左手、右手俱往前、往下斜着伸直。身子仍是阴阳相合着，抽住劲不可有移动，再将右足极力前进。过去左足一两尺，不等落地左足即提起，紧靠右足踝骨。两手与左足亦同时搂至小腹处，手心向上。两肘紧紧靠胁，腰下塌劲。搂提起落总以腰塌劲为主,不然则身体不能轻矣。顶提身体相合,仍如前法。稳住此式,无论远近束身一跃而去,并非纵跳也(图52、图53)。

图52 三体式

图53 虎形

第二节

再出左足,斜着往前进步,右足跟步与练炮拳相同;两手顺着身子钻上至下颏处,往前连钻带翻,两手腕均向外扭劲,向前扑出,两手与心口平;两肩又向外开劲,又向后抽劲;左足直着与手同时前进,左足跟步与练炮拳相同。两眼看两手当中,稳住(图54)。

第三节

再进换右式，先将左足直着往前垫步，与炮拳垫步相同；两手一齐与左足垫步同时落至小腹处，与劈拳单手落法相同。此不过两手齐落，与足如一。两眼再看右边，远近将眼正住，不仰不俯，譬如算学，身为股，地上为勾，眼看处为弦，是为目的。此看法眼不能生浮火也。

第四节

再进步法与炮拳相同；两手如左式，扑出均皆相同，数之多寡随便，无论多少，总以出去右式，停住再回身（图55）。

图54 虎形　　　　图55 虎形

第五节 虎形

回身向左转勾右足，进步与炮拳相同，两手与扣右足时，一齐落至小腹处，两手仍与左足同时扑出，与前式相同(见图54)。

第六节

再进，仍与前式相同。

第七节

收式。仍出去右式，停住，回转进步，两手扑出，亦仍与回身之式相同，回过身时稳住片时休息。

第三章 猴形学

猴形者，物之最精最巧者也。有缩力之法，又有纵山之灵。在腹内则为心源，在拳中谓之猴形。其拳顺，则心神定静，而形色亦能纯正；其拳谬，则心神摇乱，而形色亦即不和，手足亦必失宜矣。孟子云：根心生色现于面，盎于背，施于四体。亦此气之谓也。此形之技能，人固有所不能及，然格致此技之理，而身体力行之不惟能收其放心，且能轻便身躯也。学者于此形，切不可忽焉。

第一节 猴形挂印式

预备起点三体式。稳住，再将左足抬起，走往右边垫步，极力向外扭劲；左手落至小腹处，与劈拳相同钻出；身子随着左足向左转，右足极力进步，至左足前边，足尖向里扣劲落下。此时身子面向或西南，或东北，总看是从何方起点，若是从北方起点，此式面向东北矣。再将左足与左手同时撤至右足后边，右手再于左手上边出去，此式与劈拳相同（图56、图57）。

图56 三体式　　　　图57 猴形挂印

第二节　猴形捯绳式

左足极力往后垫步，右足踏着地，拉至左足处，足尖着地，足跟欠起，足后跟对着左足踝骨，身子三折形，如图是也；右手拉到小腹处，肘紧靠着胁，左手出至口前二三寸许，手背朝上，两手如同鹰捉形式，五指俱张开，肘靠胁，两胯里根与臀尾极力往后缩力,头可往前又往上顶住劲,稳住(图58)。

第三节　猴形爬竿式

再右足极力往前垫步,再进右手,左足同时并出,拉回左手,至心口左边,停住;再出右足,左手亦同时并出,惟右腿极力上抬,大腿根与小腹相挨,足尖极力上仰,微停,再出右手落右足,左手又拉回,起手落足,拉回手要齐正。此式与劈拳相同,稳住再换式(图59)。

图 58 左式猴形捯绳　　　图 59 左式猴形爬竿

第四节　猴形挂印式

换式。再将右足极力往外扭劲,右手亦如左式落在小腹处,往上钻出,身体随着右足右转,左足极力往前进步,又极力往里扣足。此时身子面向西北矣。

再出左手，劈拳式仍如左式，往后缩力，又往前进步，出手抬足回拉手，无不与左式相同，数之多寡自

图60 左式猴形挂印

图61 右式猴形捯绳

图62 右式猴形爬竿

便。回式，无论左式右式随便回式，勿拘（图60、图61、图62）。

第五节

回式时，譬如面向西北，左手左足身向左转。面向西南，出手起落仍与左右式练法相同。

第六节

收式。仍还于原起点处，亦与左右式练法相同，稳住片时休息。

第四章　马形学

马形者，兽之最义者也。有疾蹄之功，又有垂缰之义。在腹内则为意，出于心源，在拳中而为马形。其拳顺，则意定理虚，其拳谬，则意妄气努，而手足亦不灵矣。先哲云：意诚而后心正，心正则理直。理直则拳中之劲亦必无妄发矣。学者于此马形，尤须加意。

第一节

预备，起点三体式。将左足往前垫步，足落地如九十度之形式，将左右手卷上拳，两手腕朝里裹劲，裹的手心向上，两肩松开抽劲，左胳膊不可回来。仍挺住劲，再将右手向左手背下出去，此时两手心仍向上，两手分开之时，右手向前推劲，左手向后拉劲，至心口前停住，两手腕皆向外扭劲，扭至手背皆向上，两拳相对，右足与右手同时极力向前进步，左足随后微跟步，不可离前足太近。两眼看前手食指根节，两胳膊如阴阳鱼形式，两肘平抬起，如图是也。两肩均向外松开抽劲，稳住(图63、图64)。

图 63 三体式　　　　　图 64 马形左式

第二节

再出式，裹手垫步，出手。两手相对，两肩抽劲。两眼看处，均与左式相同。数之多寡自便，无论数之多寡，总出左手再回式(图65)。

第三节

回式，身子随着右手向右转，两手、两足均与劈拳相同再出手，与左右式均相同。

第四节

收式仍与回式、起钻、转身、垫步，两肩抽劲，亦均皆相同。停住片刻，休息。

第五章　鼍形学

鼍形者，水族中身体最灵者也。此形有浮水之能，在腹内则为肾，而能消散心火，又能化积聚，消饮食。在拳中则为鼍形，其形能活泼周身之筋络，又能化身体之拙气拙力。其拳顺，则筋骨弱者能转而为强，柔者，能转而为刚，筋缩者，易之以长，筋弛者，易之以和，则谓顺天者存也。其拳谬，则手足肩胯之劲必拘束矣。拘束，则身体亦必不轻灵，不活泼矣。不活泼即欲如鼍之能与水相合一气而浮于水面，难矣。

图65 马形右式

第一节

预备。起点三体式。将左手裹在下颏处，手心朝上，肘紧靠胁，左足与左手同时至右足踝骨处（图66，动作见图36）。

第二节

再将左手从口斜着与足并出，与连环包裹相同。

手足似落未落之时即出右手(图67)。

第三节

再将右手从右胁裹着劲钻出至口，肘靠着胁，从口前钻出去尺许，手心仍朝上，亦与连环练包裹右手相同，右足同时与右手起至左足踝骨处，似靠未靠之意不可落地(见图36)。

第四节

再将右手右足向前斜着连翻带横出去，与左式相同(图68)。

第五节

再出左手左足，仍与右式相同，两眼看所翻之左右手之食指，虽然两手之分合，总如一气连环不断之意，又两手两足分合，总是与腰合成一气，

图66 三体式

图67 鼍形左式

又如万派出于一源之意也。数之多寡自便。

第六节

回式。横出右手右足之时，右足不落，即速极力回扣，身子随着左手向左转，裹手仍向斜着出去右手，右足随后跟着亦仍如左右式练习相同。

第七节

图 68 鼍形右式

收式。仍如回式，裹钻起落相同，稳住休息。

第六章　鸡形学

鸡形者，鸡于世最有益者也。能以司晨报晓，又有单腿独立之能，抖翎之威，争斗之勇。则鸡形拳中之功夫，可谓甚大。在腹内而为阴气初动，又为巽卦，在天为风，在人为气，在拳中谓之鸡形，又能起足根之劲上升，又能收头顶之气下降，又能散其真气于四体之中。其拳顺，则上无脑筋不足之患，下无腿足疼痛之忧。其拳谬，则脑筋不足，耳目不灵，手足亦麻木不仁矣。学者于此鸡形中，最当注意。

第一节 金鸡独立式

预备,起点三体式。先将右手从左手下出去,腰、胯、肩随着右手去;右腿屈膝,足后根欠起,右手抽回,肘靠着胁;右足再往前进至左足前,足高矮与左足踝骨相齐,不可落地;再将右手从左手上边抽回来,左手亦于右手下边出去。两手俱是掌,右足落时,左足同时提起,靠至右足踝骨处,两足起落,皆与两手均要齐一。腰亦同时塌劲为谨要,此时两胯两肩俱阴阳相合着抽住劲,右腿要屈着。左手往前、往下斜着推住劲,右手拇指根在心口处靠住,两眼看左手拇指根、食指梢,身子如摽住一般勿动。稳住,再往前进(图69、图70)。

图69 三体式　　　图70 金鸡独立图

第二节　后金鸡独立式

前进，两手仍勿动。右肘靠着胁，左手极力推住劲，再将左足极力前进落地，右足亦再极力前进步，未落地之时，左足提起，仍靠右足踝骨，如前式稳住。此式与虎扑子头步相同。惟两手之式，左手仍推着劲，右手仍在心口不动。前后两式，俱金鸡独立之式。

第三节　金鸡食米式

左手仍极力挺住劲，再将右手卷上拳，向前出去，如崩拳形式；左足直着，极力与右手同时向前进步，惟左手不可回来，于左足出时，同时扣在右手腕上；右足亦随后紧跟至左足处，如崩拳跟步相同；两眼看右手食指中节，两肩向后抽劲，两胯里根亦然，稳住（图71）。

第四节　金鸡抖翎前式

再将两手抱在胸前，手心向里，左手在里边，右手在外边，离胸前二三寸许；两肘往下垂劲，两肩亦往下垂劲，又往外暗着开劲，身

图71 金鸡食米

子如同捆住劲一般，两胳膊如十字形式；右足撤回，两腿如同骑马式，两足向外扭，不可显扭；两膝向里扣劲，不可显扣；两胯根向里抽劲，亦向外开劲，亦不可显露（图72）。

第五节　金鸡抖翎后式

两手分开式。右手顺着面前正中往上钻去，至正额处再翻，与炮拳翻手相同；左拳与右拳同时向下、向后拉劲，至左胁后边手心向下，与劈拳拉手相同。两足扭成顺式如图是也。身子随着右胳膊扭劲，扭至心口与右膝并右足尖相对为度。此时两眼随着右手看食指根节，两肩向外均齐开劲（图73）。

图72 金鸡抖翎前式

图73 金鸡抖翎后式

第六节 金鸡上架式

再将右手张开，手腕向里扭劲，至手心朝里，即靠着身子，向左胳膊下边极力穿去，手腕紧靠着左胁；左手心仍向下着，与右手同时紧靠身子，往右肩极力穿去，两手如同用绳子将身子捆住，二人两头相拉之力一般；两肩下垂劲，又两肩暗含着往外开劲。身子阴阳相合着，三折形式，左足与左手同时进至右足前，未落之时，右足即抬起，与左足落地同时提起，紧靠住胫骨，两手相穿，相抱，两足起落，均要相齐如一，不可参差，腰极力塌住劲。两眼顺着左手往前看，稳住（图74）。

图74 金鸡上架式

第七节 金鸡报晓

再将右手极力从下边如

图75 金鸡报晓

同画一圆形往上挑去，高与头顶齐，两眼跟着右手，看食指梢节；左手与右手同时如劈拳式拉至左胁后边；右足与右手同时往前进步，两腿两足形式与劈拳相同，两肩前后顺着开劲，两胯根亦前后顺着开劲，此时身体如同一四方物，四面用绳子相拉，均一齐用力相争一般；腹内空空洞洞，如天气之圆，身外如地形之方，此谓内圆外方之义也(图75)。

第八节

将右手仍在上挺住劲，左手左足再出去，与练劈拳相同，惟右手不回来，不过是左手出之高点。

第九节

再出手仍是劈拳，乃此形中实有两劈拳之式，劈出右手再换式。

第十节

换式。右手再落再钻，左手出去，仍与劈拳无异，惟右足俟右手钻时，提回至左足处，右足落时，左足即提起，紧靠右足踝骨。两手两足起落仍然齐一，此式仍还于起点之时，金鸡独立之式，稳住。

第十一节

再换，仍如金鸡食米之式，数之多寡，循环自便。

第十二节

收式。仍还原起点处，练劈拳之时，仍劈拳回身收式，稳住片时休息。

第七章　鹞形学

鹞形者，有束翅之法，又有入林之能，又有翻身之巧，在腹内能收心藏气。在拳中即能束身缩体。其拳顺，则能收其先天之气，入于丹田之中，又能束身而起，藏身而落。先哲云：如鸟之束翅频频而飞，亦此意也。其拳逆，则心努气乖，而身亦被捆拘矣。学者若于此形勉力为之，则身能如鸟之束翅，行之如流水一律荡平矣。

第一节　鹞子束身式

预备。起点三体式。两手卷上拳，将右手心向上，往左手下边出去，左手腕向里裹劲，手心朝上，两腿左足先极力向前垫步，右足亦极力进步，进至右足前一两尺，未落之时，即将左足提起，紧靠踝骨两手起钻，与两足起落，均要齐事，此式之进步，与虎扑进步起落相同，停住，此式谓之鹞子束身式（图76、图77）。

图76 三体式

图77 鹞子束身

第二节　鹞子入林式

再进步，两手换炮拳，右手往上钻翻，左手往前出，与炮拳皆相同，惟腿进左足与左手，同时并出进步。此式谓之鹞子入林，又名顺步炮拳，稳住(图78)。

图78 鹞子入林

第三节 鹞子钻天式

再进，右拳向里，裹肘裹腕，手心朝上，左拳腕亦向里裹劲，手心向上，右手与肩平着向左手腕里边极力出去，左手如捋袖一般捋至右手肘后边，左手肘紧靠着心口，右足与右手同时并进，手足上下相齐。此式与钻拳左式略相同。两眼看食指中节，稳住，此名谓之鹞子钻天式(图79)。

图 79 鹞子钻天

第四节 鹞子翻身式

回式。右手从眼前屈回在左肩处，右足与右手同时勾回足尖；左手在右肘下边，靠着身子极力往下划一半圆形；右手与左手同时分开，往后拉，拉至右胁后边，左手划至前边，与右拳前后相对，如同托中平枪形式；左足俟右足勾回时即提起与右足胫骨相靠，随后即与左手同时并出。身式、足法与劈拳相同，惟身式低矮些。两眼看前手食指中节，稳住。此式谓之鹞子翻身式(图80)。

第五节

再进步，仍如前鹞子束身式，以后仍如前循环不已。数之多寡自便。

第六节

收式时还于原起点处，仍用鹞子翻身回身收式，稳住片时休息。

图 80 鹞子翻身

第八章　燕形学

燕形者，燕之最灵巧者也，有取水之精。在腹内即能采取肾水上升，与心火相交。易云：水火既济。儒云：复其真元。在拳中既能活动腰气，又有跃身之灵。其拳顺，则心窍开，精神足，而脑筋亦因之而强。其拳谬，则腰发滞，身体重，而气亦随之不通矣。学者于此尤当加谨焉。

第一节

预备。起点三体式。先将右手出去再抽回，两手两足身法为金鸡抖翎之式。仍将身扭至面朝后，将小腹放在右大腿上停住(图81,动作见图73)。

第二节

再将身扭向前来,扭时身子不可向旁边回来,身子扭回时,仍要极力塌劲研回,如同书字藏锋折笔折回意思相同,身子总有旁边扭回之形式,而内中之气、意与劲,不可有偏回之心思;左手和身子合成一气,向前直伸手腕向里扭,扭至手心朝上,与足相齐;右手亦与左手同时向后拉,拉至右胁后边停住。身子往回折形式身要矮,两眼看着左手食指回来,身子如同伏在地下一般;身子扭过来之时,将小腹放在左腿上,似停未停之时,再往前进步。此式谓之燕子抄水起之始(图82)。

图81 三体式　　　　图82 燕子抄水(始图)

第三节

再将右手往前进，向左手下边出，手心向上；右足随右手极力并进，至左足前不可落地停住；次将左手援在右手下边，手心向下，两手腕如同十字形式，亦似停未停再换式。此式谓之燕子抄水起之中（图83）。

图83 燕子抄水（中图）

第四节

再将右手心扭向外，两手一气举起，与肩相齐；两眼看十字当中；右足未落地之时，即将左足提起，紧靠右足踝骨；两手与右足落时分开，两手如同划上半圆形；两手前后相对，均与肩齐，亦如白鹤亮翅展开相同。两眼看前手。此式谓之燕子抄水起之末（图84）。始、中、末三式即二、

图84 燕子抄水（末图）

三、四式。总是要一气习练，学者要知之。

第五节

再将右手往下落，向前出去，与金鸡食米之式手法相同。足法亦相同。

第六节

再将左手、左足向前出去，右手向后拉，为劈拳式，停住。

第七节

回式。劈拳回身稳住，再进仍是金鸡抖翎之式，以下仍如前循环不已。数之多寡自便，停住。

第八节

收式时，还原起点处。仍是劈拳回身收式。稳住片时休息。

第九章 蛇形学

蛇形者，乃天地所赋之性，身体最玲珑，最活泼者也。身形有拨草之能，二蛇相斗，能泄露天之灵机，能曲能伸，能绕能蟠。在腹内即为肾中之阳，在易即为坎中之一也，在拳中谓之蛇形，能活动腰中之力，乃大易阴阳相摩之意也。又如易经方圆之中，震巽相接，十字当中求生活之谓也。其拳顺，则内中真阳透于外，如同九重天，玲珑相透，无有遮蔽，人之精神，如日月之光明矣。其拳谬，则阴气所拘，拙劲所捆，身体不能活泼，心窍亦不能通徹矣。学者于蛇形中勉力而行，久之自能有得，如蛇之精神，灵巧奥妙，言之不尽。

第一节

预备。起点三体式。左足先往前垫步，次将右手心向上，往左胁下靠着身子极力穿去，右肩如同穿在左胳膊下窝一般，又次将左手屈回在右肩上，手心向肩尖，如同扣住一般，身子阴阳相合着伏下去，小腹放在左大腿根上(图85、图86)。

图85 三体式　　　　　图86 蛇形

第二节

右足再向左足踝骨处进步，不可落地，再与右手同时极力斜着并出去，手心向里，侧着随后跟步，如同虎扑子跟步法；左手与右手亦同时拉回至左胁后边停住，手心向下，两手前后相对；两肩向外开劲，两胯根亦然。两眼顺着前手食指稍往前看(图87)。

图 87 蛇形

第三节

再进左式，与右式身法步法均皆相同。数之多寡自便(图88)。

第四节

回式。出去右式，再回右手，先屈回在左肩处，手法、足法、身法起落均与鹞子翻身相同。惟鹞子翻身是正式，或南北，或东西，此式是斜角，与左式相同(图

图 88 蛇形

89)。

图89 蛇形

第五节

收式仍与回式相同。停住片时休息。

第十章 鲐形学

鲐形者，其性最直，无他谬巧。此形有竖尾之能，上起可以超升，下落两掌捣物如射包头之力。在腹内能辅佐肝肺之功，又能舒肝固气。在拳中谓之鲐形，能以活肩，又能活足。其拳顺，则肝舒气固，人心虚灵，人心虚灵而人心化矣，又能实其腹，实其腹而道心升。其拳谬，则两肩发拘不活，胸中不开，而气亦必不通矣。学者于此形勉力而行，可以虚心实心，而真道乃得矣。

第一节

预备。起点三体式。先将左足尖扭向外，身子面向正，将左手屈回，两手卷上拳，手心向里对在脐中处。靠着腹(图90、图91)。

图90 三体式　　　　　图91 䴗形

第二节

再将两手如白鹤亮翅分开落下，两肘靠胁，左拳在左胁下、右拳在右胁下靠住，两肩往下垂劲；右足在两拳分开之时，同时斜着往前进步，左足进至右足处紧靠踝骨，腰塌劲，式微停（见图53）。

第三节

再将两手从两腕紧靠着直往前出去，手心皆朝上，两拳相离不过二三寸许；左足与两拳亦同时极力并出去，两肩往下垂劲，又往后抽劲，不可显露抽。两眼看两拳当中，右足随后跟步，如同虎扑子跟步相同。稳住，再换式（图92）。

第四节

换式。先将左足往前垫步，足尖微向里勾，两拳仍如前式，相对在脐处，次分开白鹤亮翅，两拳落下紧靠两胁下边，两肩仍往下垂劲；右足进至左足踝骨处紧靠住。腰下塌劲，微停再进（图93）。

图92 骀形

第五节

再进，两拳直出，与左足并进，两眼看两拳当中，仍与三节式相同，以下仿此（图94）。

图93 骀形 　　　　图94 骀形

第六节

回式，仍出去右式。先将右足勾回，身子向左转，两拳仍与左右式白鹤亮翅相同；左足提起，紧靠右足踝骨微停，再出手进足，亦与左右式出手相同。再进仍如前，循环不已。

第七节

收式。仍与回式相同，停住片时休息。

第十一章　鹰形学

鹰形者，其性最狠最烈者也。有攫获之精，又目能视微物，其形外阳而内阴，在腹内能起肾中之阳气升于脑，即丹书穿夹脊，透三关，而生于泥丸之谓也，在拳中谓之鹰形。其拳顺，则真精补还于脑，而眼精光明矣；其拳谬，则真劲不能贯通于四指，阳火上升，而头眩晕，眼亦必发赤矣。学者练此形，便能复纯阳之气，其益实非浅显。

预备。起点三体式。起

图95 三体式

钻落翻，身法步法，仍与劈拳相同，惟手似鹰捉拏之情形，劈拳似斧有劈物之情形，乃两形之性情不同，此故谓之鹰形(图95)。

第十二章　熊形学

熊形者，其性最迟钝，其形最威严，有竖项之力。其物外阴而内阳，在腹内能接阴气下降还于丹田，在拳中即谓熊形，能直颈项之力，又能复纯阴之气，能与鹰形之气相接，上升之而为阳，下降之而为阴也，二形相合演之，谓之鹰熊斗志，亦谓之阴阳相摩。虽然阴阳升降，其实亦不过一气之伸缩也。学者须知前式龙虎单习谓之开，此二形并练谓之合。知此十二形开合之道，可与入德矣。

第一节

预备。起点三体式。先将左手如劈拳落下，搂回顺着小腹钻上去与眉齐；左足同时回在右足处，足后根对着右足踝骨足尖点地，足后根欠起，腰往下塌劲。眼往上看手心。手往上钻，项往上直竖，两肩往下极力垂劲，此谓之熊有竖项之力。右手顺着身子往上起，至左手处再往前、往下，如鹰捉物捉去，胳膊似屈似伸。左手与右手同时往后拉，如劈拳拉法相同，拉至左胁停住。左足与右手同时出去，右手出去在两腿中间，右手与左足相齐。右足尖点地，足后根欠起。两眼看拇指根中指梢，裆合着劲，身子似松似捆，似开似合。稳住再换式(图96、图97、图98)。

图96 三体式

图97 熊形左式(一)

图98 熊形左式(二)

第二节

换式，将右手落下钻上亦如左式。左手往上钻去。左足与右手同时往前垫步，再出左手右足，与左式相同。数之多寡自便。回式出去左手右足，再回式(图99、图100)。

图 99 熊形右式(一)　　　图 100 熊形右式(二)

第三节

回式。将右足尖极力往里勾；左手落翻与左足同时并起；身子向左转。左手右足出去，与左右式练法手足均皆相同。

第四节

收式时，还于原起点处，仍与回式身法手足式样均皆相同。稳住片时休息。此式谓之鹰熊斗志之形。

第十三章　十二形全体合一学
（杂式捶）

杂式捶者，又名统一拳，是合五纲十二目统一全体也，在腹内能使全体无亏。大学云：克明峻德也（注：此譬言似属离奇，然实地练习则知）。在拳中则四体百骸内外之劲如一，纯粹不杂。其拳顺，则内中之气独能伸缩往来，循环不穷，充周无间也。中庸曰：鬼神之为德，其盛矣乎（注：喻变化无方）？其劲不见不闻，洁内华外，洋洋流动，上下四方，无所不有。至此拳中之内劲，诚中形外而不可掩矣。学者于此用心习练，可以至无声无臭之极端矣。先贤云：拳中若练到此时，是拳无拳，意无意，无意之中是真意，此之谓也。

第一节

预备起点三体式。次前进步，是鹞子束身形式，停住（图101、图102）。

第二节

前进步是鹞子入林之式，左拳在前，右拳在头正额处稳住（图103）。

图101 三体式

图102 束身式

图103 入林式

第三节

右手从正额处捋下,至脐旁边停住,肘靠胁,左手同时抽回至左胁处;左足亦同时撤回至右腿后边,两腿、足形式如劈拳形相同。此形亦谓之退步劈拳式(图104)。

第四节

先将左手钻至头左额角处,手张开再往下捋,捋至左胁处，在脐左边停住；右足亦同时撤回，至左足后边，仍与左式退步劈拳形式相同，左右共练四式。停住(图105)。

图104 退步劈拳(左式)　　图105 退步劈拳(右式)

第五节

将右手从胁往下往后如同画一圆形，从头正额处顺着身子往下落，至肚脐处靠住；左手同时从左胁处于右手外边手心向里往上钻，至正额处齐平着，相离正额二三寸许；再将右胳膊抬上去，手心向外，手背靠在正额处；左手顺着身子落下，手心向上靠住脐处，身子面向正停住。此式谓之乌龙倒取水(图106)。

第六节

将左足极力往后撤,至右足后边落下,右足随着往后撤,撤至左足处,右足后跟紧对左足踝骨;右手与右足同时极力往下落至小腹处,肘与拳紧靠着胁腹,左拳仍在左胁不动,腰极力塌劲,右边小腹放在大腿上,身子亦不可太弯。往下看时,只要鼻子与足尖相齐为度。身子阴阳相合着,肩胯抽劲如前法。两眼跟着右手看,停住再往前看,此式谓之凤凰单展翅(图107)。

图106 乌龙倒取水

图107 凤凰单展翅

第七节

再前进,先进右足。极力往前进步;左手与右足同时出去，左足亦随后跟步，如崩拳跟法相同。身式高低亦如崩拳式相同。停住再进，此式谓之蜇龙出现(图108)。

第八节

步法、身法、出手与连环黑虎出洞式相同。稳住再进。

第九节

图 108 蜇龙出现

身法、手法、步法与连环白鹤亮翅式相同，稳住再进。

第十节

出手、身法与步法均与炮拳式相同。稳住再进。

第十一节

两手一齐落回在小腹处，右手卷拳，手心向上，落在左手心中，两手紧靠胁，身子如同捆住一般；右足同时往回垫步，足尖仍向外斜着，两眼往前看。此式谓之凤凰双展翅。停住再进(图109)。

图 109 凤凰双展翅

第十二节

出手、身法、步法仍与鹞子入林之式相同。稳住再退。

第十三节

仍是倒劈拳回退，手法、数目如前，退到头，亦仍是乌龙倒取水之式。不可久停即进。

第十四节

接乌龙取水之式，右手过来落下时，紧接就是燕子抄水之式。停住（动作见图82、图83、图84）。

第十五节

再进步为崩拳，手法、步法与连环第一式头一手相同。

第十六节

再退步出手，身法、步法与连环青龙出水式相同。

第十七节

再进步，仍是黑虎出洞之式，稳住换式。

第十八节

再变式,仍是白鹤亮翅之式,稳住再进。

第十九节

再进,仍是炮拳之式,稳住再换。

第二十节

再换,仍是凤凰双展翅之式。稳住。

第二十一节

再进,仍是鹞子入林之式,稳住再退。

第二十二节

再回退,仍是退步劈拳,退到头,仍是乌龙倒取水之式停住。

第二十三节

换式。将右手从正额处五指张开,往前极力伸去,再换,与眼相平着;两足不动,两肩平着松开抽劲。微停住式,出左手。此式谓之青龙探爪(图110)。

第二十四节

换式。将左手从心口处望着右手上边出去,右手抽回右胁,两足仍是原式不动。两手伸去抽回,与鹰捉相同，此式亦谓之鹰捉(图111)。

图110 青龙探爪　　　　图111 鹰捉式

第二十五节

再换式。将左手如连环包裹裹回；右手仍在右胁不动，微停。此式亦谓之裹手。

第二十六节

换式。左手腕向外拧劲，斜着往外、往上伸去。左足亦同时与左手出去，身式要往下缩力，又要矮，两腿与骑马裆相同。左肩里根极力松开抽劲。两眼看左手大、二指中间，右手仍在右胁下不动，此式谓之推窗望月，停住(图112)。

第二十七节

换式。将左手屈回落下与大腿根相平,相离二三寸许,手腕极力往外扭劲,胳膊如半圆形,右手亦同时与左手落下,手腕向外扭劲,两手相同;两腿仍是骑马裆式不动。两眼往左、往前看,两肩松开往外开劲,又往回抽劲,腰往下塌劲。此式谓之三盘落地(图113)。

图112 推窗望月　　　图113 三盘落地

第二十八节

再进,先将左手向前极力撑着劲出去,与心口平,手卷上拳,手腕朝里拧劲,手心向上,又将手如包裹劲，裹回手至心口处，胳膊紧靠胁；右手在左手裹回来时，极力于左手腕上边出去，亦是手心向上；右足亦与右手同时出去，两腿与龙形步法相同。两眼顺着右手往前看，两肩极力往下垂劲，又往外开劲。微停。此式谓之懒龙卧道(图114)。

第二十九节

再进步。先将左腿往前进步落下，与鹞子入林步法相同；左手于右手下边出去，右手拉回，可于左腿出去同时拉回，两手与横拳相同，两眼看前手，停住。此式谓之乌龙翻江(图115)。

图114 懒龙卧道　　　　图115 乌龙翻江

第三十节

再进。先进右手，与崩拳相同，两足不动，停住

(图116)。

第三十一节

右足极力提起,往前蹬去,如划半圆形式,与心口相平为度;左手与右足同时出去,与右足相齐。此式谓之龙虎相交,停住(图117)。

图116 崩拳式

图117 龙虎相交

第三十二节

再进。将右足落在前边,右手出去,左手拉回,仍与黑虎出洞之式相同。停住。

第三十三节

再换。仍是白鹤亮翅之式。停住。

第三十四节

再换式。仍是炮拳之式。微停。

第三十五节

再换式。仍是凤凰双展翅之式。停住。

第三十六节

再进。仍是鹞子入林之式。停住。亦谓之顺步炮拳。

第三十七节

再回退。仍是倒劈拳,到原起点处,仍是乌龙倒取水之式。停住。

第三十八节

再退。仍是凤凰单展翅之式。停住。

第三十九节

再进步。仍是蛰龙出现之式。

第四十节

再进。仍是黑虎出洞之式。停住。

第四十一节

再将两手如一气从前边往下落,顺着左边如画一圆形,从后边回来,再从目前往前双手推去,两手掌皆立着,与肩相齐,右手极力伸直,左手在右肩处;

右足随着两手往回迈步，两腿形与青龙出水剪子股式相同。惟是两手向后推之，两眼亦顺着两手向后看，两肩仍如前抽劲，微停。此式谓之风摆荷叶（图118）。

第四十二节

再进。将左拳从右肩处往前、往左伸去，如崩拳手相同，右手亦随着屈回在右胁处；左足与左手同时出去，如崩拳步法，惟后足不跟步。

图 118 风摆荷叶

第四十三节

再进步。仍是黑虎出洞之式。不可停即回。

第四十四节

回身式。仍是鹞子翻身之式。停住。立正休息。

第十四章　十二形全体大用学
（安身炮拳）

安身炮者。譬如天地之育，化万物各得其所也。在腹内气之体言之，其大无外，其小无内。在外之用言之，可以不见而章，不动而变，无为而成。夫人诚有是气至圣之德，至诚之道，亦可以知，亦可以为矣。在拳中即为大德、小德。大德者，内外合一之劲，其出无穷。小德者，如拳中之变化，生生不已也。譬如溥博源泉而时出之。如此形意拳之道，拳无拳，意无意，无意之中是真意至矣。学者知此，则形意拳中之内劲即天地之理也。又人之性也，亦道家之金丹也。劲也，理也，性也，金丹也，形名虽异，其理则一。其劲能与诸家道理合一，亦可以同登圣域，能与天地合其德，与日月合其明，与四时合其序，与鬼神合其吉凶。学者不勉力而行之哉。

第一节

甲乙二人对舞（甲上手，乙下手）。

甲起点三体式。乙起点三体式。

甲先将左手向外拍出乙之左手。即速出右手进步打崩拳。

乙即速先向后撤右足，左足提起，腿紧靠右腿，再将左手将甲之右手向外推去，即速进步还打崩拳（图119、图120）。

第二节

甲随即将右手向后拉乙之右手，左手与右手同时向乙之面劈去。两足不动。

乙将右手抽回抬起，左手与右手同时向甲之心口

图 119　　　　　　图 120

打去,如鹞子入林之式。

甲再先将左足垫横,右足进至乙之左足外边。左手曲回即搂乙之左手向后拉。右手亦同时向乙之面劈去如劈拳(图121、图122)。

第三节

乙随即将左足垫横,急进右足,速将左手抽回,抬起右手同时向着甲之左面劈去。

甲即将右手向里裹劲,手心向上。左手腕向外扭劲,离面一两寸手心向下。两手一齐向着乙之右胳膊截去。右足同时向前迈步(图123、图124)。

第四节

乙将左手向着甲之面劈去,右手拉回在心口右边。

图 121 　　　　　　　图 122

图 123 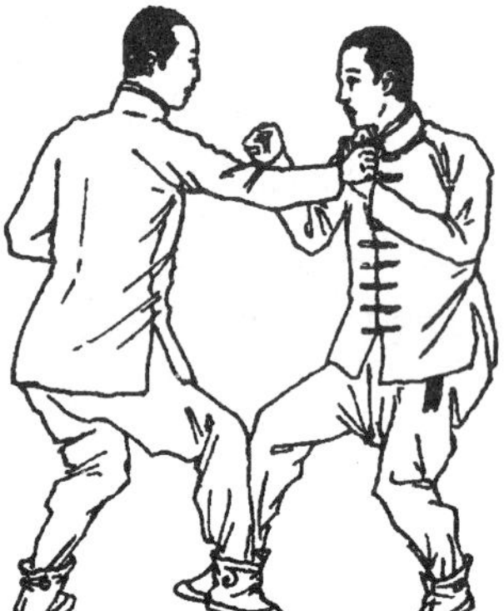　　　　　　　图 124

甲随即换右双截手，与左边相同，随后用右手从自己左手下边出去，向着乙之心口打去。两足仍不动（图 125、图 126）。

第五节

乙将左足向后撤，右足提起；先将右手托着甲之

图 125　　　　　图 126

右手，向后引进落空，随后再将左手从甲之手腕底下伸去向后拉，又向后拨，即速将右手向着甲之心口打去。右足亦随着落下，连拉带拨带打，一、二、三合成一气，不可间断。

甲立即向下坐腰，右手在乙之右手上边，如同捯物往回捯。左手向自己右手前边头亦如右手捯法相同，随后即将右手向着乙之面抓去，连捯带抓，一、二、三亦成一气，不可间断（图127、图128、图129）。

第六节

乙即速屈回右手，随即向着甲之右手钻去，左手拉至心口处，身式要矮。甲速用左胳

图 127

图 128　　　　　　　图 129

膊将乙之右胳膊挑起，右手抽回，再向着乙之心口打去。左足与右手同时进步，手足与炮拳式相同（图130、图131）。

图 130　　　　　　　图 131

第七节

乙随即换退步劈拳，用左手将甲之右手扣住，右手抽回在心口处，手心向下。甲即用左手将乙之左手搂开，右手向着乙之左面用手背打去，右足与右手同时进步(图132、图133)。

图 132　　　　　　图 133

第八节

乙随即退右足，左足随着退，谓之后带后。左手抽回，再急速钻出，手足要同时动作。

甲速进右足、跟左足。将左手拍出乙之左手。右手从乙之胳膊下边，向着乙之左面劈去，谓之偷打(图134、图135)。

第九节

乙进右足，向着甲之两腿当中落下，右手先将甲之右手向外拍出，左手再向自己之手前头伸，又向外拨甲之右胳膊；右手与右足同时打甲之面反嘴巴。

甲将右手屈回，向着乙之右胳膊外边钻出，右足速往后撤，右手再向回拉乙之右胳膊，左手与足同时再向着乙之右面劈去(图136、图137)。

图 134　　　　　　　图 135

图 136　　　　　　　图 137

第十节

乙先往后撤左足，用右手将甲之左手挂回，右足与右手同时提起，用左手将甲之胳膊往下把，右手再往甲之头上抓去。

甲即将左胳膊屈回，向着乙之右手里边钻去，随后将右胳膊如蛇形，向着乙之裆内撩去，右足与右手同时进步(图138、图139)。

图 138　　　　　图 139

第十一节

乙即往后撤右足,再用右手将甲之右手顺着往后捋下,左手即速向着甲之脖项伸去,与右手同时向后按着劲拉(乙之动作同图 139)。

甲即将右手屈回,往外挂乙之左手,左手再向着乙之右颊劈去。两足不动(图 140)。

第十二节

乙将左胳膊抽回在胁,右手随即速向着甲之左手里边钻去,两足不动。甲抽回左手在

图 140

胁，右手随即向乙之左颊劈去，两足不动(图141、图142)。

图141　　　　　　　图142

第十三节

乙将右手向着甲之右手拍去，左手随后向着甲之右胁打去，身子即换骑马裆式。

甲坐腰，两足仍不动，随即两手用猴子捯绳式，一、二、三用右手抓去(图143、图144)。

第十四节

乙退左足，右手速用钻掌，向甲右手外边钻去，左手在左胁。

甲用左手向乙之右手里往外拨出，用胳膊挟住，再速用右手，向着乙左边脖项切去；左腿与手同时进步，落至乙之右腿外边，抟住他(图145、图146)。

图 143　　　　　　　图 144

图 145　　　　　　　图 146

第十五节

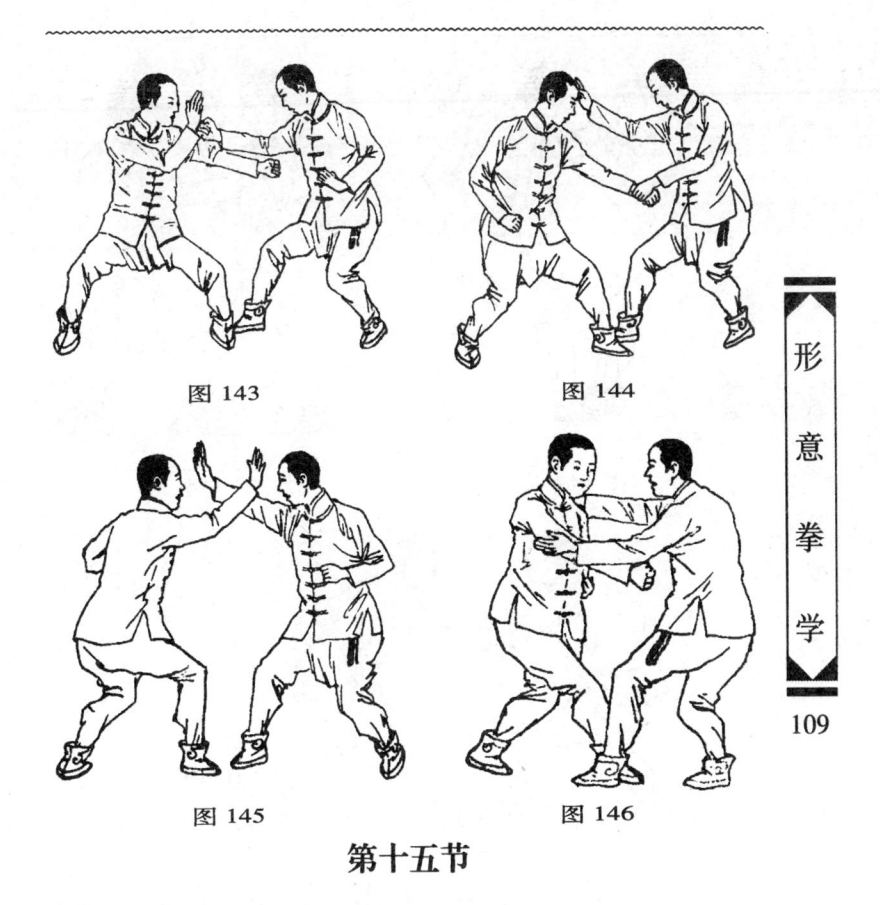

乙用双截拳将甲之右手截开，两足不动。

甲将右手抽回，随后用左手向着乙之右颊劈去，两足仍不动（图147、图148乙之动作同图149）。

第十六节

乙仍用双截手，随后再用右手，偷打甲之右胁。

图 147　　　　　　　图 148

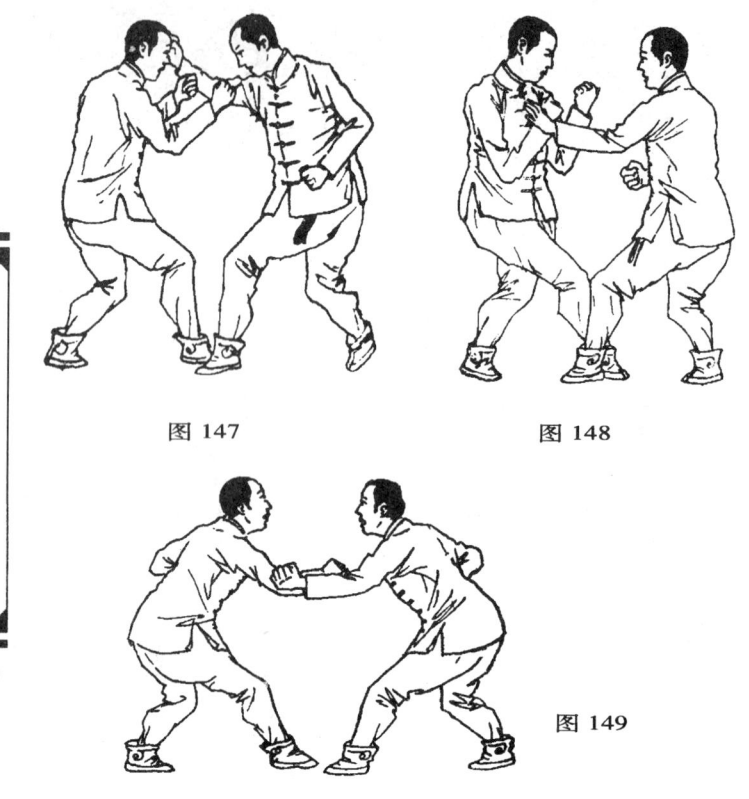

图 149

甲向后坐身，两足不动，左手将乙之右胳膊顺着往后捋，谓之顺手牵羊式（图149）。

第十七节

甲先不起身，用右足向着乙之右腿踢去，右手向着乙之右胳膊捯去，如捯绳一、二、三相似，惟右足不等落地即提起，左足与左手同时起落，如同狸猫上树之式。

乙先提起右腿，再往后退步落下，右手随即屈回再向着甲之右手外边钻去。左手在心口处（图 150、图 151）。

图 150　　　　　图 151

第十八节

甲用左手挑起乙之右胳膊，右手抽回，再向着乙之左颊劈去，两足仍不动。

乙速抽回右手在右胁处，左手随即向甲之右肩抓去，谓之鹞子抓肩式（图 152）。

第十九节

甲先用右手向着乙之左手腕往外搂，左手紧跟向着乙之左手腕上边往外推，右手随后向着乙之左颊劈去，亦是一、二、三之理，两足不动。

乙将左胳膊屈回，再向着甲之右手里边钻去，随后往回挂，右手即向着甲之左颊劈去，两足仍不动（图153）。

图152　　　　　　　图153

第二十节

甲用双截手截去乙之右手，两足不动。

乙将右手抽回，再用左手向着甲之左颊劈去，两足仍不动（图154）。

第二十一节

甲再用双截手截去乙之左手，再用右手偷打，仍如前双截手偷打相同。此右手偷打出去，如起点时乙之起手打崩拳头一手相同（图155、图156）。

图154

第二十二节

乙再退右足提左足，用左手将甲之右手向外推，右手即速用崩拳向着甲之腹打去。此为甲之起点头手，还打乙之头一手相同再往回打。仍是乙为甲之已来之式。甲为乙之已来之式循环往来不穷。若欲休息，仍还于原起点处，停住，自便休息。

下卷终

余于乙卯岁获谒孙先生禄堂，得见其所著《形意拳学》一书，并承先生指示途径，然后知形意拳之难能可贵也。在内为意，在外为形。意之所至即气之所至，养气功深得中和之正轨，而形于外者，自然从容中道，形上形下一以贯之，夫固非专求外壮者所可同日语也，爰缀数言以志景仰。

民国八年四月（1919年4月）东台吴心谷谨跋。

八卦拳學

八卦拳学序

　　余读孙禄堂先生形意拳学，见其论理精微，因往访之，先生欣然延见。纵谈形意拳之善，并授以入手之法，言形意逆运先天自然之气，中庸所谓致中和，孟子所谓直养而无害皆此气也。

　　今内家拳法惟太极、八卦、形意三派，各不相谋。余三十年之功，乃合而一之。盖内家之技击也，必求其中。太极空中也；八卦变中也；形意直中也。中则自立不败之地，偏者遇之靡不挫矣。形意攻人之坚而不攻人之瑕，八卦纵横矫变，太极浑然无间，随其来体不离不拒而应之以中，吾致柔之极，持臂如婴儿忽然用之，彼虽贲育无所施其勇，虽万钧之力皆化为无力。虽然习此者，非欲以艺胜人也。志士仁人养其浩然之气，志之所期，力足赴之，如是而已。于戏由是言之，则古昔圣王尧舜禹汤，文武相传精一执中之道，不求胜天下，而天下莫能胜之者，其犹此理也。与庄子曰："道也，进乎技矣。"吾闻孙先生之言，益信圣人中庸之道不可易。

　　先生为人豪直，与人无旧新，必吐其蓄积不自吝惜。曰："吾言虽详且尽，犹虑能解者，百人中无一二人。吾惧此术之绝其传也。"今先生复撰八卦拳学，扬州吴君心谷以书来嘱余为序，因以所闻于先生者，略述于右，未能究宣其意万一也。

蕲水陈曾则书于明圣湖之洗心阁

序

　　蒲阳孙先生禄堂曩著形意拳学一书。余受而读之，深服先生用力之勤，而于力气一道纯任自然，合乎中庸之极则殆内家之上乘也。今夏复以八卦拳学见示，兢兢以实行体育保护身体为宗旨，其造福社会已属难能可贵，而细绎八卦拳学之意义，则在化后天之力运先天之气，体柔用刚变化无穷。与易经消息盈虚之理、变化顺逆之方息息相通。技也，而进于道矣。形上形下一以贯之，知先生固非徒以技击擅长也。

　　顾吾慨夫吾国拳学之失传也久矣。自太史公传游侠而不详，其致力之途，虽李唐崛兴此风丕盛，然亦不过历史之记载已耳。明清之交如张三丰，如单思南，如王征南辈，精悍绝伦，凌铄南北，然能笔之著述传之其人者阒焉无闻。此拳学所以式微也，今先生以振靡起衰为己任，著书传世，不秘其术，其殷殷诱掖之心，诚自古以来所罕见也。爰于付梓之初敬书数语以遗之，先生其许为知言否耶。

　　　　民国五年七月(1916年7月)学生吴心谷序

自 序

　　易之为用，广大精微，上自内圣外王之学，下迨名物象数之繁，举莫能外。而于修身治己之术，尤为详尽。乾文云：天行健，君子以自强不息。然健也，自强也，非虚无杳冥而无可朕兆也。

　　余自幼年即研究拳术，每欲阐易之义蕴，一一形之于拳术，如是者有年。嗣来京获见程先生廷华，始知有八卦拳，因从而受业焉。拳式始于无极，终于八卦，中分两仪四象，先天后天，缩力顺行正变错互，无不俱备，然后知易之为用之广大精微也。但程先生只凭口授，未著专书，余恐久而失其传也，爰不辞固陋，每式绘之以图，并于各式后附以浅说，非敢自矜一得，亦聊以广先生之传已耳。

　　八卦拳不知创于何时何人，闻有董海川先生者，精技击，好遨游，尝涉迹江皖间，遇一异人传以此技，后董先生传之程先生廷华、李先生存义、尹先生福、马先生维祺、魏先生吉、宋先生永祥、宋先生长荣、刘先生凤春、梁先生振普、张先生占魁、史先生六、王先生立德。自是而后，尹先生复传之马桂等，李先生传之尚云祥、李文豹、赵云龙、郝恩光、郭永禄、黄柏年、李海亭、耀亭兄弟等。张先生传之王俊臣、韩金镛等。余与张玉魁、韩奇英、冯俊义、阚龄峰、周祥、李汉章、李文彪、秦成等，则皆亲炙程先生之门者，缕觇述之。以示不忘所自也。

中华民国五年十一月（1916年11月）
直隶完县孙福全序

凡 例

　　是编为修身而作，取象于数理，立体于卦形，命名于拳术，谓之游身八卦连环掌。内藏十八趟罗汉拳，兼有七十二截腿、七十二暗脚，至于点穴、剑术各样兵器均于拳内含藏。以上诸法，皆以实行体育，强壮筋骨、保护身体为正宗。

　　是编标举八卦拳生化之道，提纲挈领，条目井然。其次序，首自虚无式而起，至太极形式，此二者为八卦拳之基础。由无极形式说起，以至于神化不测之功用学终，是为全编条目。内中起点，进退伸缩，变化诸法，一一详载。操练时，凡一动一静，按此定法，不使错乱，则此拳之全体大用，神化妙用之功，庶几有得，可为世道用行舍藏之大用矣。

　　是编粗浅之言，以明拳术极深之理。简约之式，能通拳法至妙之道。

　　拳中数形，不过作为万物之纲领。若能熟习，则纵横联络，全体一致，不惟取数形数式习之则已也。朱子云：盖人心之灵，莫不有知。而天下之物，莫不有理。惟于理有未穷，故其知有不尽也。是以拳术始教，即凡全体之式，万物之形，莫不由于数式数形而时习之，以求至乎其极。至于用力之久，而一旦豁然贯通焉，则万物之中，目有所见，心有所感，皆能效法彼之性能，而为我用矣。

八卦拳术，不外易数方圆二图之理。昔武侯作八阵图，其中氤氲变化，奥妙莫测，其实不过以巨石为之，八八成行六十四堆而已。拳术中之精微奥妙，其变无穷，有神化不测之机，亦不过以数式数形，纵横联络变化而已。溯其源，皆出于河洛理数之原也。

是编为体操而作，只叙八卦拳之实益议论。但取粗俗易明，原非等于辞赋文章，固不得以文理拘也。

是编除各式之指点外，其他一切引证，均与道理相合。迥非怪力乱神之谈。学者不得以异端目之。

是编发明此拳之性旨，纯以养正气为宗旨。固非异端邪术诸书所可比伦。今将八卦拳始末诸法，贯为全编，使学者一阅了然。

体操门类繁多，惟八卦拳练习极易，用法最良，系行天地自然之理，运用一派纯正之气。无论男女妇孺，及年近半百，皆可练习。一无屈腿折腰之苦，二无皮肉磨挫之劳，且不必短服窄袖，随便常服均可练习，此诚武技中儒雅之事也。

此拳不仅便于个人独习，若人数众多，或三五人同一圈习，或数十人同而习之，或数百人亦可分数圈而习之，再多亦均无不可。

此八卦拳术关系全体精神，而能祛病延年，又不仅于习拳已也。

是编每一式各附一图，使八卦拳之原理及其性质，切实发明。用以达八卦拳之精神，能力巧妙，因知各拳、各式，互相联络，总合而为一体，终非散式也。

附图有电照，有画形，使学者可以入手，按像模仿，实力作去，久则义理自见，奇效必彰。固非虚语也。

八卦拳学目录

第一章　八卦拳形体名称…………………(127)
第二章　初学入门三害…………………(128)
第三章　入门练习九要…………………(129)
第四章　八卦拳四德八能四情……………(131)
第五章　八卦拳左右旋转与往左右穿掌之分别
　　　　……………………………(132)
第六章　无极学……………………………(133)
第七章　太极学……………………………(134)
第八章　两仪学……………………………(137)
第九章　四象学……………………………(141)
第十章　乾卦狮形学………………………(147)
第十一章　坤卦麟形学……………………(149)
第十二章　坎卦蛇形学……………………(152)
第十三章　离卦鹞形学……………………(155)
第十四章　震卦龙形学……………………(157)
第十五章　艮卦熊形学……………………(159)
第十六章　巽卦凤形学……………………(161)
第十七章　兑卦猴形学……………………(165)

第十八章　八卦拳先天后天合一式说……(167)
第十九章　八卦先后天合一图…………(168)
第二十章　八卦拳先天后天八卦合一图解
　　　　　…………………………………(169)
第二十一章　八卦拳阳火阴符形式………(170)
第二十二章　八卦拳练神还虚形式………(171)
第二十三章　八卦拳神化之功借天地之气候
　　　　　形式法………………………(172)

第一章　八卦拳形体名称

古者庖牺氏之王天下也，仰观象于天，俯观法于地，观鸟兽之文，与地之宜，近取诸身，远取诸物，于是始作八卦，以通神明之德，以类万物之情，是以八卦取象命名，制成拳术。

近取诸身言之，则头为乾，腹为坤，足为震，股为巽，耳为坎，目为离，手为艮，口为兑。若在拳中，则头为乾，腹为坤，肾为坎，心为离，尾闾第一节至第七节大椎为巽，项上大椎为艮，腹左为震，腹右为兑，此身体八卦之名也。自四肢言之，腹为无极，脐为太极，两肾为两仪，两胳膊、两腿为四象，两胳膊、两腿各两节为八卦。两手、两足共二十指也。以手、足四拇指皆是两节，共合八节。其余十六指，每指皆三节，共合四十八节，加两胳膊、两腿八节与四大拇指八节，共合六十四节，合六十四卦也。此谓无极生太极，太极生两仪，两仪生四象，四象生八卦，八八生六十四卦之数也。此四肢八卦之名称。以上近取诸身也。

若远取诸物，则乾为马，坤为牛，震为龙，巽为鸡，坎为豕，离为雉，艮为狗，兑为羊。拳中则乾为狮，坤为麟，震为龙，巽为凤，坎为蛇，离为鹞，艮为熊，兑为猴等物。以上皆远取诸物也。以身体八卦属内，本也。四肢八卦属外，用也。内者先天，外者后天，故天地生物，皆有本源，先后天而成也。

《内经》曰：人身皆具先后天之本。肾为先天本，脾为后天本，本之为言根也，源也。世未有无源之流，无根之木。澄其源而流自长，灌其根而枝乃茂，自然之理也。故善为医者，必先治本。知先天之本在肾，肾应北方之水，水为天一之源。因婴儿未成，先结胞胎，其象中空，有一茎透起如莲蕊，一茎即脐带，莲蕊即两肾也，而命寓焉。

知后天之本在脾，脾为中宫之土，土为万物之母，盖先生脾官而后水、火、木、金循环相生以成五脏。五脏成，而后六腑、四肢、百骸随之以生而成全体。先天后天二者具于人身，皆不离八卦之形体也。医者既知形体所由生，故断以卦体，治以卦理，无非即八卦之理，还治八卦之体也。亦犹拳术，即其卦象，教以卦拳，无非即八卦之拳，使习八卦之象也。

由此观之，按身体言内有八卦，按四肢言外有八卦。以八卦之数，为八卦之身，以八卦之身，练八卦之数。此八卦拳术，所以为形体之名称也。

第二章　初学入门三害

三害者何？一曰努气，二曰拙力，三曰挺胸提腹。

用努气者，太刚则折，易生胸满气逆、肺炸诸症。譬之心君不和，百官自失其位。

用拙力者，四肢百骸血脉不能流通，经络不能舒畅，阴火上升，心为拙气所滞。滞于何处，何处为病，轻者肉中发跳，重者攻之疼痛，甚之可以结成疮毒诸害。

挺胸提腹者，逆气上行不归丹田，两足无根，轻如浮萍，拳体不得中和，即万法亦不能处时中地步。

故三害不明，练之可以伤身，明之自能引人入圣。必精心果力，剔除净尽，始得拳学入门要道。故书云，树德务兹，除恶务本，练习诸君，慎之慎之。

第三章　入门练习九要

九要者何？一要塌，二要扣，三要提，四要顶，五要裹，六要松，七要垂，八要缩，九要起钻落翻分明。

塌者，腰往下塌劲，尾闾上提督脉之理。扣者，开胸顺气，阴气下降任脉之理也。提者，谷道内提也。顶者，舌顶上腭，头顶手顶是也。裹者，两肘往里裹劲，如两手心朝上托物，必得往里裹劲也。松者，松开两肩，如拉弓然，不使膀尖外露也。垂者，两手往外翻之时，两肘极力往下垂劲也。缩者，两肩与两胯里根，极力往回缩劲也。起钻落翻者，起为钻，落为翻，起为横，落为顺，起钻是穿，落翻是打。起亦打，落亦打，打起落，如机轮之循环无间也。所练之要法，与形意拳无异也。

譬之《易经》方圆二图，方图乾始西北，坤尽东南，乾坤否泰居外四隅，震巽恒益居内四角。其阳自西北而逆气退于中央，生气在中也。阴自中央而顺于东南，阴气在外也，其生卦而恒益否泰。如形意拳起手先进左足，以右足为根，身子看斜是正，看正是斜，因此，形意拳与方图皆属地，在地成形，所以形意拳在十字当中求生活也。

圆图乾南坤北，离东坎西，左阳升，右阴降，阴来交阳，一阴生于天上，阳来交阴，一阳生于地下，阳生阴生，皆在图之正中。圆象天，天一气上下，上而阳，下而阴，象一气运阴阳◐阴阳相交，即太极一气也。八卦左旋右转，两胯里根，如圆圈里边无有棱角，两眼望着前手食指梢，对着圆圈中间●这个看去，旋转不停如太极一气也。因此，八卦拳与圆图皆属天，在天成象。所以八卦拳在圆图虚中求玄妙也。

又譬之奇门。有飞九宫一至九之数皆圆形属天，与八卦拳理相合也。易经虽有方圆二形，其理无非逆中行顺，顺中用逆，以复先天之阳也。奇门有飞九宫转盘二形，其理无非奇逆仪顺，奇顺仪逆，以还一元之气也。

形意八卦虽分方圆二派，其理无非动中缩劲，使气合一归于丹田也。所以大圣贤正心诚意，无不与拳术之道息息相通；大英雄智勇兼备，亦必先明于数学之理；大技艺家格物致知，亦必先明于意气力之用。以上诸理，形名虽殊，其理则一。练拳术者，明乎此理，以丹田为根，以意气力为用，以九要为准则，遵而行之，虽不中不远矣。

第四章 八卦拳四德八能四情

四德者，顺逆和化。四者，即拳中合宜之理也。顺者，手足顺其自然往前伸也。逆者，气力往回缩也。和者，气力中正无乖也。化者，化其后天之气力归于丹田而返真阳也。

八能者，乃搬拦截扣，推托带领。八者，即拳中之性也。搬者，搬敌人之手足肩胯是也。拦者，拦敌人之手足如研肘是也。截者，控住敌人之手足胳膊腿是也。扣者，扣敌人之两手并胸、小腹是也。推者，推敌人之两手并身，其中有单手推者，有双手推者（双手推者即双撞掌也）是也。托者，托敌人之两手，有平托者，有望高托者是也。带者，敌人抓住吾手，极力往回带，或挂敌人之手皆是也。领者，领敌人之身，或敌人之两手，往左右领去或往上领，或往下领，即使敌人不得中正之劲也。八能者，内含六十四事，合六十四卦也。八者，正卦也。即上乾下乾之类；六十四者，变卦也，即上乾下坤否泰互卦之类。所谓八搬、八扣，各有八，合而为六十四者，则谓拳中之性也。顺逆和化，为六十四卦之德也。六十四卦含之于顺逆和化四者之中而为德，行之于身者而为道，用之于外者而为情。

情者，即起钻落翻也。且八能用时，或明而用之，或暗而用之，或打破彼之身式而用之，或化开彼之法式而用之，或刚进而用之，或柔进而用之，或进而用之，或退而用之，或诱而用之，或指上而用之下，或指下而用之上，或指左而打右，或指前而打后，或指此而打彼，或彼刚而我柔，或彼柔而我刚，或彼矮而我高，或彼动而我静，或彼静而我动，或看地之形式，伸缩往来分别而用之。地形者，远近险隘，广狭死生之类也。且身式将动而未动时，务要周身一家，合外内一道，再观彼之身式高矮，量彼之情形虚实，察彼之气质薄厚，将彼奸诈虚实等等得之于心，随便酌量用之，而能时措之宜。至于拳内用法名目虽广，然无论如何动作变化，总以四情为表则也，四情用的合当，则能与性德合而为一道也。

第五章 八卦拳左右旋转与注左右穿掌之分别

起点转法，无论何式，自北往东走，旋之不已，谓之左旋。自北往西走，转之不已，谓之右转。凡穿掌往左右换者，无论在何方，换掌换身，若望着左胳膊穿者，谓之往左穿手，望着右胳膊穿者，谓之往右穿手。此谓左右旋转与左右穿掌之分别也。

第六章　无极学

无极形式者，当人未学之先，心中混混沌沌，一气浑沦，举动之间，但由天然之性也。而旋转无度，起落无节，外失诸修，内失诸养，知顺之所往不知逆之所来，以至体质虚弱，阳极必阴，阴极必死，往往归于无可如何之地。是摄生之术，讲求无方，良可慨也。惟圣人知逆运之机，修身之本，还元之道，总之，不外形意、太极、八卦诸拳之理。一气伸缩之道，明善复初之功，求立于至善之极点，以复先天之元气。和而不流，中立而不倚，可与后世做法，亦可为万物立命，此之谓无极而生太极之式也。

李东垣先生曰：人自虚而无生神，积神而生气，积气而生精，此自无而之有也。练精而化气，练气而化神，练神而化虚，此自有而之无也。拳术之道，生化之理，其即此意也夫。

无极学图解

起点面正，身子直立，两手下垂，两足为九十度之形式，如图是也。两足尖亦不往里扣，两足后根亦不往外扭。两足如立在空虚之地，动静不能自知也。

静为无极体，动为无极用。若言其静，则胸中空空洞洞，意向思想一无所有。两目将神定住，内无所观，外无所视也。若言其动，则惟顺其天然之性旋转不已，并无伸缩往来节制之意思也。然胸中虽空空洞洞无意向思想之理，但腹内确有至虚至无之根，而能生出无极之气也。其气似雾，氤氤氲氲黑白不辨。形如湍水，混混沌沌，清浊不分，惟此拳之形式未定，故名谓之无极形式也。此理虽微，但能心思会悟，身体力行到极处，自能知其所以然也(图1)。

图1　无极图

第七章　太极学

太极形式者，无极而生，阴阳之母也。左旋之而为阳，右转之而为阴，旋转乃一气之流行。太极即一气，一气即太极也。以体言则为太极，以用言则为一气。时阳则阳，时阴则阴，时上则上，时下则下，阳而阴，阴而阳，一气活活泼泼，有无不立，开阖自然，皆在当中一点子运用也。这一点子即是拳中左旋右转、开阖动静、阴阳相交之中枢也。中枢者，为人性命之本、造化之源，丹田之气，八卦拳之根蒂也。此气是天地之根，阴阳之母，即太极是也。故两仪由此而生焉。

太极学图解

起点先将腰塌住，再将右足直着向前迈去，落下两足形式如斜长方形，如图是也。两足前后相离远近随乎人之高矮，总要后足往前迈步不费力为至善处。两腿里屈均要圆满，不可有死弯子，两足后根均向外扭劲。两腿如骑马式一齐扣劲之意，不可显露往一处扣的形式。初练时身子不可过矮，须微高点，过矮甚为费力，迨至日久功纯，则高矮随便不拘矣。两腿之形式，未转走时，左胯与左足后根相齐，既转走时，右胯尖扭至与前手食指并圆圈中间相对为标准，前右腿形式膝与足后根上下如一条线相齐。再将右手顺着右足后根如锐角形式，手直着如划一半圆形抬起，抬至手虎口与眼相齐停住。两肩要松开，两肘均往里裹劲，裹至肘尖朝下垂，两手俱张开不可并拢，两手腕均往外极力拧劲，拧至食指直立，大指、食指虎口撑开如半月形，无名指与小指均有往回勾劲的意思。两手心不可往外挺劲，两手如同抓着圆球相似，手腕极力往上挺劲，手虎口亦极力往前推劲，上下挺推要均停方为正劲。两眼看前手食指梢为准则，或有看虎口者，气不中也。后胳膊靠着身子，极力往上如划半圆形，手虎口至前胳膊肘子停住，两肩均往回抽住劲

（此是顺中求逆如卦位顺行卦序逆行之意也）。两肘极力往下垂劲，两手极力一气往前推劲，两手心随着两肩极力往回缩劲。腰随着两手腕往外拧劲时，如拧绳子极力拧去，拧至前手食指，与两眼对着圆圈中点为止，如图是也（图2）。

图2 太极图

此式名为横走竖撞。两胯里根极力均往回抽劲，里胯根抽至如圆圈里边圆线，如⏜是也。所谓在圆图乾坤中虚处求玄妙是此意也。头要往上顶劲，口似张非张，似吻非吻，舌要顶上腭，呼吸要从鼻孔出气，久之消息之理自然通矣。谷道要往上提，项要竖着劲，心不要用努力，扣胸不可往里显着扣，只要两肩齐往回缩力，自然而然就内开外合，是谓之扣胸也。功久胸前亦自然而有圆含之形式也。

转走时身子不要快，意气力并手、足、肩、胯、腰、肘内外务要合成一气。身中不可有一处散乱，如有散乱处，即是身中之劲不合，即于腰、胯、肩、肘并四梢求之。四梢者，牙为骨梢，舌为肉梢，手指、足趾为筋梢，浑身毛孔为血梢是也。求之务将心气沉住，归于丹田，身子高矮要一律，转走时身子不可有左斜右歪之形，使内中之气不稳也。行走时，总似鸟之束翅频频飞去之形，又似平水漂流一物，不见水流只见物行，有安稳自然之象。两譬语是此拳形式之意义也。

第八章　两仪学

两仪者，是一气伸缩之理。左旋之则为阳仪，右转之则为阴仪也。故前太极之式，一气走去，如图流行不息者，则为太极阳仪，是为气之伸也。

至练时，圆圈之大小，转数之多寡，皆以地之形式为准则，可大则大，可小则小。若论通便练法，尤不拘地式之长短宽窄，亩数之地不为大，圆三径一不为小，诚以功夫深纯。即周围数里，亦能循环数匝不停式子，而片席容足，亦可以来往转身而有余也。先哲云：道之伸缩流行，其大无外，其小无内，放之则弥六合，卷之则退藏于密。亦即此拳之意义也。若是回转身式（即单换掌）勿论大小圈循环多寡，酌量自己之气力而行。半圈可以换身，数十圈亦可换身。倘转数甚多，天地万物亦随着身子一气翻转，此时换身更当要紧。若任一式转去，恐功夫不到，而有头眩眼昏、足底无根之弊，所谓阳极必生阴，阴极必生阳也。

譬如圆图八卦，阳左升为日，阴右降为月。日来则月往，月往则日来，日月相推，而四时生焉。换身右转流行不已，如图则为太极阴仪，是气之缩也。圣人云：鬼神之为德，日月之升降，皆属天地自然之变化。而拳中两仪右转，左右有序，何莫非一气之往来屈伸乎。故两仪再生，而四象出焉。

第一节

起点时，譬如一气左旋流行不已，拟欲换身右转，是一气生两仪也，其法右足先走至前边落下（图3）。

图3 青龙转身

第二节

随后左足再往前迈时，足尖极力往里扣，落下与右足尖相齐，远近相离二三寸许，如图形是也。两足后根均向外扭劲，两膝相离似挨未挨之意，两胯里根均向回抽劲，又兼向外开劲，此式是内开外合之意。腰要塌住劲，其时上身两手仍合住劲不动，两肩似乎有往回缩劲之意，亦谓之含胸也，稍微稳住（图4）。

图4 青龙缩尾

第三节

即将右掌伸直，极力往外拧劲，拧至大拇指朝下、小拇指朝上停住。右足与右手拧时，一齐随着往外迈出，足落下与右手上下相齐。两足相离远近随乎人之高矮，总以再迈左足不费力为至善。其时身子微微有往下遁缩之意，左手紧靠着身子在胳膊根窝下边，手心仍朝外往前推住劲(图5)。

图5 青龙返首

第四节

再将左足迈至前边，仍与右足尖相齐，两足尖相离远近仍二三寸许。两足后根仍往外扭劲，两胯里根亦均往回抽劲，两手极力均往回裹劲，裹至两手心朝上。裹时两肩极力往回抽劲，又兼往下垂劲,式似停未停之时，即将腰向右边极力拧去，如拧绳子之意。左手心朝上，肘往下垂着极力挺住劲勿动，左手心朝上随腰拧时，徐徐往右胳膊根外边，与左胳膊成为丁字形，又往前、往高斜着穿出。左肩如同穿在右胳膊根窝下之意，头项竖住劲，随着腰向外扭劲，两眼看所穿之左手，左手穿至极处为止。此劲之理，如同上满表条，不留余隙，外劲形式似合，而内中心气似开、似虚之意，若其不然，胸中恐有内挤气努胸膈心痛之患（图6）。

图6 黑虎出洞

第五节

身子再往右转走时，先将左足往前直着迈去，落下两足相离远近，仍随乎人之高矮，要之再迈右足不费力为至善。左手随着左足迈时，连穿带伸带往外拧劲，右手与左手一齐均往外拧劲。两足随走，两手腕随着极力往外拧劲，拧至左手食指朝上直立，亦与圆圈中虚处相对为准则，手指高仍与眉齐。右手亦仍极力靠着身子，一气推至左胳膊肘处，食指朝上稳住。腰亦随着左手向右边如拧绳子相似拧去，两眼亦看前食指梢。两手腕拧时，两胳膊中屈仍朝上，两肘仍朝下，两手腕拧劲时，亦不可拧之容易，似觉拧不过来的意思，两手腕往上托手虎口，有往前推之意，二者均停不可显露。两肩亦极力一齐往回抽劲。两手亦许三五步拧过来，亦许转走周圈拧过来勿拘。要之若走步或换式，总要上下相连，内外六合一气。六合者，心与意合，意与气合，气与力合，此内三合也；肩与胯合，肘与膝合，手与足合，此外三合也。内外如一，成为六合也。其中意思，练者若是不晓，即求明人指点可也。学者勉力而深思之，功久自能知焉。两仪再往回换式走，与此法之理相同。以后凡换式，自两仪以至于神化之功，虽分左右换式，手法足法，诸处之劲左右无不相同(图7)。

第九章　四象学

图7　青龙转身(右式)

四象者，两仪各生一阴阳也。太极生两仪者，八卦拳之奇偶也，复于两仪之中，各加一奇一偶，以象太阴、太阳、少阴、少阳而名为四象。四象即本拳之奇偶，各加一阴一阳，而分为金木水火也。在腹内则为心肝肺肾，在拳中则为前后左右，俗称名为双换掌也。言四象不及土者，太极即土也。拳中起钻落翻，动而未发谓之横，横者亦土也，因其生生不息谓之土，因其一气运用谓之太极。太极也，土也，一而已，故不及土，仅言四象者，而土已在其中矣。夫四象既有阴阳，则八卦相交，彼此相荡，一卦可荡于八卦之上，八卦相荡更可重为六十四卦。按易一卦六画，下三画象天地人三才也，上三画相荡，因而重之，象天地人三才各有阴阳也。以明拳中各法左旋右转，皆有阴阳之式也。故左旋象下三画，头手足象天地人三才也，右转象上三画，因天地人三才各有阴阳也。八卦即四象之阴阳，六十四卦即阴阳配合之生气，八卦成列，因而重之，则阴阳相交，自可生生无已，岂第六十四卦哉。虽至千卦万卦，总不出乎六十四卦，六十四卦总是八卦，八卦总是四象，四象总是两仪，两仪总是一气之流行也。紫阳读《参同契》云：一自虚无兆质，两仪因一开根。四象不离二体，八卦互为子孙，六十四卦于此而生，万象变动于此而出。诚哉斯言，可为此拳之鉴矣。

第一节

起点两仪式。无论左旋右转，皆可变换四象双换掌也。先以右旋之，左手在前，右手在后，从正北往西顺着圆圈转去谓之右旋（图8）。

第二节

换掌时左足在前，右足随后迈在前边，足尖极力往里勾，落下与左足尖相齐，远近相离二三寸许；两足后根极力均往外扭劲，腰塌住劲，两胯里根均往回抽劲，

图8 青龙转身（右式）

式似停未停(图9)。

第三节

即将左手伸直往外拧劲，拧至大拇指朝下，小拇指朝上，手心朝外，左足抬起，足尖随着左手拧时，一齐往外摆劲落下；左足后根与右足尖成为错综八字式，如图形是也。两足相离远近，亦随人之高矮。足落下时形虽往外摆，两胯里根亦均往回抽劲，内里似乎开圆圈之意。腰随着左手往外拧，两肩根里亦均往回缩力，亦是含胸之意。右手仍靠着身子，手心朝外，在左胳膊根窝下边推住劲，肘往下垂着不动。式子身虽停而意未停(图10)。

图9　青龙缩尾

图10　青龙返首

第四节

即将两手均向里裹劲，裹至手心朝上，即将右手从左胳膊根窝下边穿出，右足与右手一齐迈至前边，与左足尖相齐，两足尖相离远近亦二三寸许。右肩亦极力望着左胳膊根窝下边穿去，两足后根亦均往外扭劲，两胯里根亦均往里抽劲，腰仍塌住劲，式不可久停（见图6）。譬如书句太长，字当中点点为读句，即一气似断而未断之意也。

第五节

再将右胳膊靠着右耳，手极力往里裹着劲往上穿去，穿至极处手心朝里，身子随着右手往上伸长；左手心朝里与右手往上穿时，一齐往下挨着右胳膊里根落下至肋，手指朝下，手背靠着身子望着右胯穿下，两手分开要上下一齐皆到极处。左足与两手分开时即速抬起。足尖极力往上仰着，靠住右足里胫骨，同时身子往下缩劲，腰亦塌住，右手可极力仍往上穿住劲，左手仍极力往下穿住劲，两眼往上看着右手，身子要稳住(图11)。

图11 鹞子钻天

第六节

再将右手极力望着左肩尖前边扣去，落于左胳膊上边；身子随着右手扣时，一齐往下缩矮，两手再往前后分开，如同摆物一般，两手腕均往外撑住劲，前后两手虎口相对，两胳膊皆如半月形式。左足与左手一齐往前迈去，足落下要半斜着，如图形是也。腰塌住劲身子往前扑去，小腹要放在大腿上，两眼随着右手看下来，望前边左手看去，两肩前后极力缩住劲，两胯前后里根亦极力缩住劲。此时腹

图12 白蛇伏草

内要似觉圆圈虚空一般，若是方能得着拳中之灵妙（图12）。

第七节

再将两手极力均向里裹劲至两手心朝上，即将右手靠着身子，望着左胳膊根窝下穿出，手穿至极处，与左胳膊亦成一丁字形式；右足与右手同时迈至与左足尖相齐，落下远近相离二三寸许，两足后根亦均往外扭劲，两胯里根亦均往回抽劲；腰要塌住劲，随着手穿时往左边拧劲，亦同拧绳子相似。而时身子之劲亦如同表条上满之意，但内中总要虚空之意（见图6）。内中何以能虚空之意，即着两肩两胯里根，皆往回缩劲。则胸中自然有虚空之意，而腹内亦不能有努气拥挤之患也。

第八节

身子再往左转走时，先将右足往前直着迈去落下，两足相离远近亦仍随乎人之高矮。总之，无论何项步法，前走后退要自然为至妙处。右手随着右足迈时，连穿带伸带往外拧劲，左手与右手一并均往外拧劲。两足随走，两手腕随着极力往外拧劲，拧至右手食指朝上直立，亦与圆圈中虚处相对为准则，手指高矮仍与眉齐。左手亦仍极力靠着身子，一气推至右胳膊肘处，食指朝上稳住，腰亦随着右手，向左边如同拧绳子相似拧去。两眼亦看前手食指梢。两手腕拧时，两胳膊中屈亦仍朝上，两肘仍朝下，两手腕拧劲时亦不拧之甚易，亦似觉拧不过来之意思。两手腕往上托。两手虎口有往前推之意思，二者均停不可显露。两肩亦极力一齐往回抽劲，两手亦许三五步拧过来，亦许转走周圈拧过来亦勿拘。要法亦与两仪走步换式，上下相连内外一气之理相同也。此四象练法随分四侯则为起承转合之意，实即一气串成之道也。习者要知之(图13)。

图13 青龙转身

第十章　乾卦狮形学

乾卦者，天之象也。狮子掌者，拳之式也。乾者健也，阳之性也。三画卦之名也。乾以形体言谓之天，以性情言谓之乾。其于物也，则为狮形。其物最严烈，其性最勇猛，能食虎豹之兽，有抖毛之威。以拳式之用言，则有金龙合口之式，有狮子张嘴之形，有白猿拖刀之法，在腹内则为气，能资始万物。在拳中则为狮子掌，能万法开端。此式以两手极力伸出，内外上下一气，有乾三连之象，又有起首三点之式，故取象为乾卦。其拳顺，则周身血脉舒畅，气力倍增；其拳谬，则乾遇震，而拳中不能无妄，乾临坤，而心窍亦不能开通矣。学者于此，尤加谨焉。

第一节

起点以两仪左式，先将右足走在前边（图14）。

第二节

随后即将左足再迈至前边，将足尖往里扣劲，落下与右足尖相齐。两足尖相离

图14　青龙转身

远近亦二三寸许。两足后根均往外扭劲,两胯里根均往里抽劲,腰塌住劲(见图4)。

第三节

再将右手伸直往外拧劲,拧至手心往外;右足亦随右手往外拧时,一齐往外摆去,足尖要直着,与右手上下相齐;两肩微有往回缩劲之意(见图5)。

第四节

再迈左足时,两手腕均往里裹劲,裹至两手心朝上,左手仍靠着右肋。左足落至与右足尖相齐,两足扭劲。塌腰两胯里根抽劲,两肩里根缩劲均如前。两足远近相离亦如前(见图6)。

第五节

再走仍先走左足。左手与左足走时同时往右胳膊下边往平直穿去,与右胳膊成一丁字形;右手仍往里裹着劲,在面前二三寸许,手直往上穿去。两足如同走路相似走去,左手心朝上,随着往外如划平圆圈之意,划至食指直对圆圈空虚中处为度。右手与左手,亦一齐手腕往外极力拧劲,拧至手心朝上,右胳膊靠着右耳处,如单手往上举物之意。两手虎口上下相对,两手如托一长杆之形。两肩往下垂劲,又往外开劲,两足随走,左手速往外划,右手带往上托,腰随着左手往外扭劲。两眼仍看前手食指梢(图15)。

第六节

再换右式，步法、诸处之劲法无不与左式相同。学者当自悟之。自此以下诸掌之式每逢起点时，均以两仪单换掌左式起点，但左右式皆能起点，惟因初学习之人不明其理，故不能不有一定之规模，俟习熟之后，无论何式，皆能互相联络，贯通而练之者也。习者要知之（同图15，方向相反）。

图15 狮子张嘴

第十一章 坤卦麟形学

坤卦者，地之象也。返身掌者，拳之式也。坤者顺也，阴之性也，六画卦之名也。坤以形体言，谓之地；以性情言，谓之坤。其于物也，则为麟形。其物为仁兽也，则有飞身变化不测之功。以拳式之用言，则有麒麟吐书之式，大鹏展翅之法，有白鹤独立之能，有顺势返身旋转之灵。以拳之形式言，谓之返身掌。此拳之两手含住，返身转去，内外上下合顺，有坤六断之形，故取象为坤卦。其拳顺，则身体轻便快利，转去如旋风；其拳谬，则腹内不能空虚，而身体亦不能灵通矣。学者加意研究，灵巧妙用由此而出焉。

第一节

起点以两仪单换掌式。先将右足迈至前边落下，即将两胯里根往回抽劲，腰塌住劲，头往上顶住劲。身子似有往下缩劲之意（见图3）。

第二节

再将右足往右边摆回，右手与右足摆时，亦同时往里裹劲，裹至手心朝上；左手仍靠着身子在右胳膊下边，两胯里根亦均往回抽劲（图16）。

图16 麒麟回首

第三节

左足亦即速往回迈，迈至与右足尖相齐，远近相离亦二三寸许，两胯抽劲。两肩缩劲，仍如前式,微停(图17)。

图17 麒麟转身

第四节

即将右足往外摆,右胳膊仍挺劲,随着身子一气转。左足亦即速迈至右足处,不可落地,靠住右足里胫骨,两腿亦极力并住腰亦塌住劲,右手与左足迈时,同时平着往外横去(图18)。

图18 大鹏展翅

第五节

左足再即速落下,与右足尖相齐,相离远近仍如前。右手与左足落时同时屈回,手心朝下,胳膊如半月形式,随即将左手望着右肘后边穿去,身微停(图19)。

第六节

即将右肘往里裹劲。裹至手心朝上,再走时仍与图3青龙转身式相同。再换左式,与换右式手法、步法、劲式亦均皆相同。

图19 麒麟吐书

第十二章 坎卦蛇形学

坎卦者，水之象也。顺式掌者，拳之式也。坎者陷也，坎得乾之中阳，阳陷阴中，阳入而生潮，有坎中满之象，故居正北水旺之方。其于物也，则为蛇形，其物最毒，其性最玲珑，最活泼者也，有拨草之能。以拳式之用言，则有白蛇吐信之法，有双头蛇缠身之巧。以拳之形式言，谓之顺势掌。此拳外柔顺而内刚健，有丹田气足之形，内外如水，曲曲顺流，无隙而不入，故取象为坎卦。其拳顺，则丹田之气足，丹田气足，则道心生，道心生，则心中阴火消灭，而无头眩目晕之患矣。其拳谬，则肾水虚弱，心火不能下降，头晕眼黑必不免矣。按此拳有点穴之法，式中有单指按点之术，此式单指按点之穴处在两腋窝。点法之意，如同禽鸟两翅窝之穴坑，两指一摄，顷刻而亡。此法可知而不可专用。百行以德行为先。德行者，知毒法而不用。有不忍祸人之心，不独此穴为然。凡诸穴能致人死者皆当慎用，如心口、小腹、脐门、耳后、脑海、嗓喉、后脊背、两肾腰、谷道、两手脉窝数穴，以及双指点、单指点、肘点、膝点、足点、掌印点、矿点，勿论如何点法，轻者可以伤身，重者可以致命。凡知此术者，万不可轻用。余闻吾师程先生曰："点术之法，不可专用，专用必损阴鹭。"谚语云："己不用毒于人，人亦不用毒于我。"所谓中找中，和找和，天理循环之数，是此意也。且此拳点法，非口传授受，功夫纯熟者，不能用。余说此穴，不过略言大概情形。若论麻穴、死穴其中之数目，有三十六者，有七十二者，共百有八之说。少林拳术秘诀论之详矣，余不必再赘。余作此书，为开心窍，明心性，强筋骨，壮脑力，得其中和之性质为宗旨。毒手用之于他人者，百分之中有一，尤必出于不得已也。

第一节

起点两仪单换掌左式先将右足往前落下（见图3）。

第二节

再将左足尖往外摆，与右足成为错综八字形式，如图是也（图20）。

第三节

随后即将右足极力扣着迈去，与左足尖相齐，两足尖相离远近亦二三寸。右手与右足迈时同时屈回，肘向外，胳膊如半

图20 白蛇吐信

月形，手自头上，望左肩落下停住；左胯里根极力往回抽劲，腰如拧绳子相似，与左胯抽劲时，一齐拧去。左手仍靠身子，在右胳膊里根下边，而时右胳膊在上，左胳膊在下挨住微停。外形似合，复内略有虚空之意。不可有一物潜在心中(图21)。

图21 白蛇缠身

第四节

即速两手前后分开，与双换掌两手撑开之劲相同，左足与两手分时，同时迈至前边，足落下足尖微往里扣着之意，腰塌住劲，小腹放在左边大腿根上，两肩抽劲，两胯里根缩劲均如前(图22)。

第五节

两手一齐再往里裹劲，裹至手心朝上，靠着身子，再往左胳膊根窝下边穿去，右足与右手同时迈至前边，与左足尖相齐，两足尖相离远近，两肩两胯抽劲

图22 白蛇伏草

亦均如前(见图6)。

第六节

再往前走，仍是青龙转身之式(见图3)。

第十三章　离卦鹞形学

离卦者，火之象也。卧掌者，拳之式也，离者丽也。离得坤之中阴，阴丽阳中，阴借阳而生明，故居正南火旺之方。其于物也，则为鹞形，其物有入林之速，有翻身之巧。以拳式之用言，则有按点斫之法。此拳亦为大蟒翻身之式，亦有入洞之能。以拳之形式言，谓之卧掌。此拳则外刚健，而内柔顺，心中有空虚之象，故取象为离卦。其拳顺，则心中虚灵，而人心化，人心化则玄妙生矣。其拳谬，则心中愚昧不明，而拳中之神化不能得矣。故学者勉力格致诚意做去，以开心中愚滞，自得神化之妙道矣。

第一节

起点以两仪单换掌左式，右足在前(见图3)。

第二节

即将左足迈至前边，与右足尖相齐，两足尖远近相离亦二三寸许(见图4)。

第三节

再将右足往外摆,右手与右足亦同时往外拧劲,拧至手心朝外(图23)。

第四节

左足再往前迈,落下仍与右足尖相齐;左手与左足迈时,亦同时顺着右肘下边手心朝上穿去,穿至极处,右手腕往外拧着劲,亦与左手同时自头上过去,胳膊虽然屈着,内中含劲如直着之意,腿极力往上抬,脚面挺着劲;右胳膊再伸直,手心朝里裹劲,手腕如抖劲之意,裹至手心朝上,左手腕与右手亦同时极力往外拧劲,拧至手心朝外,两手要一气着。左手穿时,身子要有往下缩劲之意,右边身式亦如弯弓之形身式,虽然有屈形,而腹内总是中正空虚之意,身式高矮量己之功夫大小习练可也,身式似停而未停之时(图24)。

图23 青龙返首

第五节

即将右足往外摆着落下,右手与右足摆时,亦同时往外拧劲,拧至手心朝外,左手与右手拧时,亦同时往里搂回在左胁,搂至手心朝上(见图5)。

第六节

再穿左手迈左足(见图6)。

第七节

再往前走步,与单换掌右式相同(见图3)。

第八节

再换右式,与练左式身式、步法诸处之劲均皆相同。

图24 大蟒翻身

第十四章 震卦龙形学

震卦者,雷之象也。平托掌者,拳之式也。震者动也。震得乾之初阳,初阳主生长,居正东木旺之方。其于物也,则为龙形,其物为鳞虫之长,有搜骨之法,有变化不测之功,有飞腾之象。以拳式之用言,则有乌龙盘柱之法,有青龙戏珠之能。以拳之形式言,谓之平托掌。此拳外静而内动,丹书云:"静中求动之象。"又一阳初动之意,故取象为震卦。其拳顺,则肝气舒和;其拳谬,则肝旺气努,而身体不能入于卦爻九二之中和矣(九二者,拳体内之中气也)。学者于此勉力求和,而无肝气冲目之患矣。

第一节 震卦学

起点以两仪单换掌左式,右足在前(见图3)。

第二节

即将左足往前迈去,极力往里扣劲,落下与右足尖相齐,相离远近与前扣足相同(见图4)。

第三节

再将右手往外拧劲,拧至手心朝外;右足尖与右手同时往外摆,手足上下相齐(见图5)。

第四节

左足再往前迈去与右足尖相齐,相离远近仍如前,两肩缩力,两胯里根均抽劲,腰塌住劲,即将左右两手均往里裹劲,裹至手心朝上,左手靠着身子往平着穿去,与右胳膊成为丁字形式(见图6)。

第五节

随后再迈左足走去,两手与两足走时,两手心朝上平着伸直,往左右分开,如划半圆形式;左手往左边分,右手往右边分,分至两手左右如同一条直线,手心仍朝上,亦如托着两碗水相似;左手食指仍与圆圈当中相对,两眼仍看着左手食指梢;两肩往下垂劲,又往外开劲;两胯里根抽劲,头往上顶住劲,腰随着左手拧劲。走时周身要一气,诸处之劲要均匀,不可有过不及之病。身子高矮,随人之功夫为定,不可勉强而行,如此腹内可能心气和平,肝气舒畅,身子行之如流水,一律荡平矣(图25)。

第六节

再换式,仍与左式相同。

图25 青龙飞升

第十五章 艮卦熊形学

艮卦者,山之象也。背身掌者,拳之式也。艮者止也。艮得乾之末阳,末阳主静,故居东北阳弱之方。其于物也,则为熊形,其性最钝,其物最威严,有竖项之力。以拳式之用言,则有靠身之勇,有拔树之能,有抖搜之法。以拳之形式言,谓之背身掌。此拳上刚健,而中下柔顺,有静止之形,故取象为艮卦。其拳顺,则有气根心生色,睟然现于面,盎于背,施于四体之意也;其拳谬,则丹田之阳,不能升于脊背,而胸内不能含合,心火亦不能下降矣。学者要知之。

第一节

起点以两仪单换掌左式，右足在前(见图 3)。

第二节

先将左足迈至与右足尖相齐，两足尖相离远近二三寸许(见图 4)。

第三节

随后将右手往外拧，拧至手心朝外，右足与右手同时往外摆(见图 5)。

第四节

再左手心朝上，望着右胳膊里屈上边穿去，左足与左手同时迈至与右足尖相齐；左手穿至极处，再极力往外拧劲，拧至手心朝外，右手与左手拧时，亦往里裹劲，裹至手心朝里，再与左手一齐均往外拧劲，右手心再靠着口极力往外穿去，中指与食指，如同自口中出去之意(图 26)。

第五节

右腿等右手到口时，一齐抬起，足尖极力往下挺直；右肘与右膝相挨，两肩抽着劲，两胯亦极力缩住劲；左手往外拧，拧至手心朝上，头顶住劲，胸内开着，气沉丹田。此式似停而未停(图 27)。

第六节

即将右手腕往外拧，拧至手心朝外，右足与右手

图26 黑熊返背　　　　图27 黑熊挥掌

往外拧时，亦同时往外摆落下将左手亦同时援回，援至手心朝上(见图5)。

第七节

再穿左手，迈步裹手劲法，仍是两仪黑虎出洞左式。

第八节

再走仍是青龙转身右式。

第十六章　巽卦凤形学

巽卦者，风之象也。风轮掌者，拳之式也。巽者入也。巽得坤之初阴，初阴主潜进，故居东南阳盛之方。其于物也，则为凤形，其物为羽虫之长，有展翅之功。以拳式之用言，则有点头之式，有挟人之法，此拳亦为狮子滚球之形。以拳之形式言，谓之风轮掌。此拳上刚健，而下柔顺，有风轮之形，故取象为巽卦。其拳顺，则内中真气散于四肢百骸，无微不至，而身式行之如风轮，循环无间之形矣；其拳谬，则元气不能散布于周身，譬之方轴圆轮，气机不灵，身式不顺，而先后天之气不能化一矣。故学者于此拳中，务加意勤习焉。

第一节

起点以两仪单换掌左式(见图3)。

第二节

再右足在前，即将左足迈至前边落下与右足尖相齐(见图4)。

第三节

再穿左手时，与右狮子掌式相同，各处之劲亦相同，惟两手心要相对，如抱着大圆球相似。左手、右手食指均与圆圈中虚处相对，如图是也(图28)。

图28 狮子抱球

第四节

换左式时，先扣右足，与左足尖相齐，再往外摆左足；两手如抱着圆球成为一气，左手随着左足摆时，往下落如划圆形（图29）。

第五节

再左手自下往上起，亦如划圆形；右足再往前迈，仍与左足尖相齐；右手随着右足迈时与左手一气往下落，与左足相齐，左手再与右手一气随着往上抬，高与头顶平（图30）。

第六节

随后左足再往外迈去，左手心朝里着往下落，亦如划圆形，随着左足迈时同时划去；右手自下往上来，亦如划圆形，两手形式如双换掌六式略相同。彼式是两手心朝外，此式两手心相对，所以两式略相同耳（图31）。

图29 狮子滚球

图30 狮子翻身

图31 狮子伏地　　图32 狮子抱珠

第七节

再走步时，两手亦如穿狮子掌之形式，但右手自下往上，如画圆形，与左手仍如一气抱着大圆球之意。两足随走，两手随画，亦如穿手之意，穿至两手食指，亦与圆圈中虚处相对为准则，如图是也。或曰因何画手与穿手之意相同，譬如两手抱着大圆球，再练四象双换掌、穿手、换手、搂手，似乎与此式大相悬殊。其实风轮掌就是双换之式，手法、足法、劲法无不相同，只因一是两手靠着身子，换手、穿手，一是穿法、换法，两手伸开如抱大圆球与风轮相似，因此二卦形式不同，所以分为二式也。再换式，手法、步法、身法，与换左式相同(图32)。

第十七章　兑卦猴形学

兑卦者，泽之象也。抱掌者，拳之式也。兑者说也。兑得坤之末阴，末阴主消化，故居正西金旺之方。其于物也，则为猴形，其物最灵巧者也，有缩力之法，有纵山之灵。以拳式之用言，则有白猿献果之形，有猴儿啃桃之法，有龙蹲虎踞之式。以拳之形式言，谓之抱掌。此拳上柔顺，而中下刚健，有缩短之形，故取象为兑卦。其拳顺，则肺气清润；其拳谬，则肺气不和，至于气喘咳嗽诸症，而不能免矣。学者深思悟会，而求肺气清顺焉。

第一节

起点以两仪单换掌左式，右足在前(见图3)。

第二节

即将左足迈至前边，落下与右足相齐(见图4)。

第三节

再将右足尖往外摆，右手与左足亦同时往外拧劲，拧至手心朝外(见图5)。

第四节

再将左足迈至前边，仍与右足尖相齐，两肩缩劲，两胯里根抽劲，腰塌住劲；两手皆极力往里裹劲，裹至手心朝上，左手靠着身子，自右胳膊下边穿至极处(见图6)。

第五节

再迈左足，两手亦极力往外开劲，两肘亦极力往一处抱劲，抱至两肘相并，两肘又靠着身子，两手在前，高矮与胸齐；两手又如托着物一般，两肩极力往回缩劲；两手又一气抱着往前推劲；两足随走，两手随抱，腰极力往左边拧劲，两眼望着左手食指看去(图33)。

第六节

再换左式，与换右式相同(图34)。

图33 白猿献果(右式)　　图34 白猿献果(左式)

第十八章　八卦拳先天后天合一式说

周易阐真曰先天八卦，一气循环，浑然天理从太极中流出，乃真体(真体者即丹田生物之元气，亦吾拳中之横拳也)。未破之事，后天八卦，分阴分阳，有善(善者拳中气式之顺也)、有恶(恶者拳中气式之悖也)，在造化中变动，乃真体已亏之事。真体未破，是未生出者(未生出者即拳中起钻落翻未发之式也)，须当无为(无为者无有恶为)。无为之妙，在乎逆中行顺，逆藏先天之阳，顺化后天之阴，归于未生以前面目(即拳内阴阳未动以前形式)，不使阴气有伤真体也。真体有伤，是已生出者(即拳起钻落翻发而不中也)须当有为(有善有恶之为)。有为之窍，在乎顺中用逆，顺退后天之阴，逆返先天之阳，归于既生以后之面目(即拳中动静正发而未发之间之气力也)，务使阳气还成真体也(即还于未发之中和之气也)。先天逆中行顺者，即逆藏先天阴阳五行，而归于胚胎一气之中(即归于横拳未起之一气也)，顺化后天之阴，而保此一气也(保一气者不使横拳有亏也)。后天顺中用逆者，即顺退已发之阴，归于初生未发之处，返出先天之阳，以还此初生也。阳健阴顺，复见本来面目，仍是先天后天，两而合一之原物，从此别立乾坤，再造炉鼎，行先天逆中行顺之道，则为九还七返大还丹矣。今以先天图移于后天图内者，使知真体未破者，行无为自然之道，以道全形，逆中行顺，以化后天之阴。真体已亏者，行有为变化之道，以术延命，顺中用逆，以复先天之阳，先后合一，有无兼用，九还七返，归于大觉，金丹之事了了。再以金丹分而言之，金者气质紧固之意，丹者周身之气圆满无亏之形。总而言之，拳中气力上下内外如一也，此为易筋之事也。今借悟元子先后八卦合一图，以明拳中拙劲归于真劲也。

第十九章　八卦先后天合一图

图35　八卦先后天合一图

第二十章　八卦拳先天后天八卦合一图解

起点练法，仍照前者法则习之，但预知先后天合一之理，内外卦归一之式。二者判别，且能使先天为后天之体，后天为先天之用，无先天则后天无根本，无后天则先天不成全。其理虽有先天为之本，然无外式之形，只能行无然自然之道，不能习之以全其体也，若使之先天健全，即借后天有形式之身，以行有为变化之道，则能补全先天之气也。但拳术未习熟时，似乎有分顺伸逆缩，判而为二之意，其实是先天后天气力不符，故有分而为二之理。且以拳术之理分而言之，则为先后天；合而言之，则为浑然一气。今以先天而言，则为拳中无形之劲，谓之性。性即身中无形之八卦也，亦谓之先天。以后天而言，自有身形阴阳开阖伸缩，生出四象，四象者，各有阴阳谓之情。情者，手足身体旋转动作，即成有形之八卦也（拳之八式），谓之后天。此是先后天分言，谓之开也。合而言之，人心即天理，天理即人心，意者心之所发，身体四梢是意之所指挥也。则拳中之气，身体手足听其指挥，循着次序渐渐习去，自始至终无有乖戾之气，则能尽其性矣。尽其性，则能复其未发意之初心。但拳术初练时，四体之作用，不能尽合于力，力不能尽合于气，气不能尽合于意，似乎拳中伸缩有二式之别，若得其所以然，练习先后合一之理。惟其三害且莫犯，谨守九要而不失，则四体身形随着意，照法实力做去，久之四体手足动作可以随意指挥，故能上下相连，手足相顾，内外如一，浑然天理，此时是先后天八卦合一之体也。

第二十一章　八卦拳阳火阴符形式

阳火阴符之理（即拳中之明劲、暗劲也）始终两段功夫：一进阳火（拳中之明劲也），一运阴符（拳中之暗劲也）。进阳火者，阴中返阳，进其刚健之德，所以复先天也。运阴符者，阳中用阴，运其柔顺之德，所以养先天也。进阳火，必进至于六阳纯全，刚健之至，方是阳火之功尽（拳中明劲中正之至也）。运阴符必运至于六阴纯全，柔顺之至，方是阴符之功毕（拳中暗劲和之至也）。阳火阴符，功力俱到，刚柔相当，逆顺兼全，阳中有阴，阴中有阳，阴阳一气，浑然天理，圆陀陀（气无缺也），光灼灼（神气足也），净倮倮（无杂气也），赤洒洒（气无拘也），圣胎完成。一粒金丹宝珠悬于太虚空中寂然不动，感而遂通；感而遂通，寂然不动。常应常静，常静常应，本良知良能面目，复还先天。一粒金丹吞入腹，始知我命不由天也（以上皆周易阐真中语，因与拳术之理相合，故引之），再加向上功夫，炼神还虚，打破虚空，脱出真身，永久不坏，所谓圣而不可知之之谓神。进于形神俱妙，与道合视之境矣。近日深得斯理者，吾友尚云祥，其庶几乎。

第二十二章　八卦拳练神还虚形式

　　拳术之道，有功用之理，有神化之理。上言阳火阴符，是为功用，此言炼神还虚，是为妙用。妙用之功，其法何在，仍不外乎八卦拳之式求之。故开合动静，起落进退，生克变化以至无穷之妙，亦不离八卦。八卦不离四象，四象不离两仪，两仪不离一气，一气自虚无兆质矣。所以练神还虚之式者，与前所习之形式无异矣。惟手、足、身体，外形不要着力，俱随意而行之。然身体亦并非全不用力，其劲不过极力往回缩去，意在蓄神耳。外形身体、手、足，俱以意运用之，行之已久，身体气力化之似觉有若无、实若虚之意。每逢静中动时，身子移出而不知己之动，则不知有己也。每与他人比较时，伸缩往来飞腾变化，如入无人之境，而身体气力自觉无动，是不知己之动而静，则不知有彼也。夫若是，则能不见而章，不动而变，无为而成，至拳无拳，意无意，无形无象，无我无他，练神还虚，神化不测之妙道得矣。吾友张玉魁先生于练神还虚之道，可臻精谐。环顾宇内，其合继张先生而起者乎，予日望之矣。

第二十三章　八卦拳神化之功
借天地之气候形式法

闻之吾师。程先生曰：得天气之清者，为之精（精者虚也），得地气之宁者，为之灵（灵者实也），二者皆得，方为神化之功。学人欲练神化之功者，须择天时、地利、气候、方向而练之。天时者，一年之中有阴阳二气，四时八节，二十四气，一气分为三候，共七十二候。练时阳日起点往左旋，阴日起点往右转，大略言之，一日一换方向。详细言之，一时一换方向，此为天时也。地利者，须择山林茂盛之地，或寺观庄严之处，或房屋洁净之区，此为地利也。此理练法，是借天地之灵气，受日月之照临，得五行之秀美，而能与太虚同体，是为上乘神化之功也。且神化功用之实象者，则神之清秀，精之坚固，形色纯正，光润和美，身之利便，心之灵通，法之奥妙，其理渊渊如渊，而静深不可测，其气浩浩如天，而广大不可量，如此是拳术精微奥妙神化之形容也。如不知择地利，借天时气候方向，只可用气力之功而习之，然久之功纯，亦能变化不已，不过是气力之所为耳。惟其不知天时地利，故心中不能得着天地之灵秀也。大约天地间，凡物之美者，皆得天地之灵气，受日月之孕育，而能成为至善之物也，拳术之道亦莫不然。譬之大圣贤，心含万里，身包万象，与太虚同体，故心一动，其理流行于天地之间，发著于六合之远，而万物之中，无物不有也，心一静，其气能缩至于心中，寂然如静室，无一物所有，能与太虚合而为一体也，或曰圣人亦人耳，何者能与天地并立也。曰因圣人受天地之正气，率性修道而有其身，惟身体如同九重天，内外如一，玲珑透体，无有杂气搀入其中，心一思念，纯是天理，身一动作，皆是天道，故能不勉而中，不思而得，从容中道。此圣人所以与太虚同体与天地并立也。拳术之理，亦所以与圣道合而为一者也，其理即与圣道相合，学者胡不勉力而行之哉。

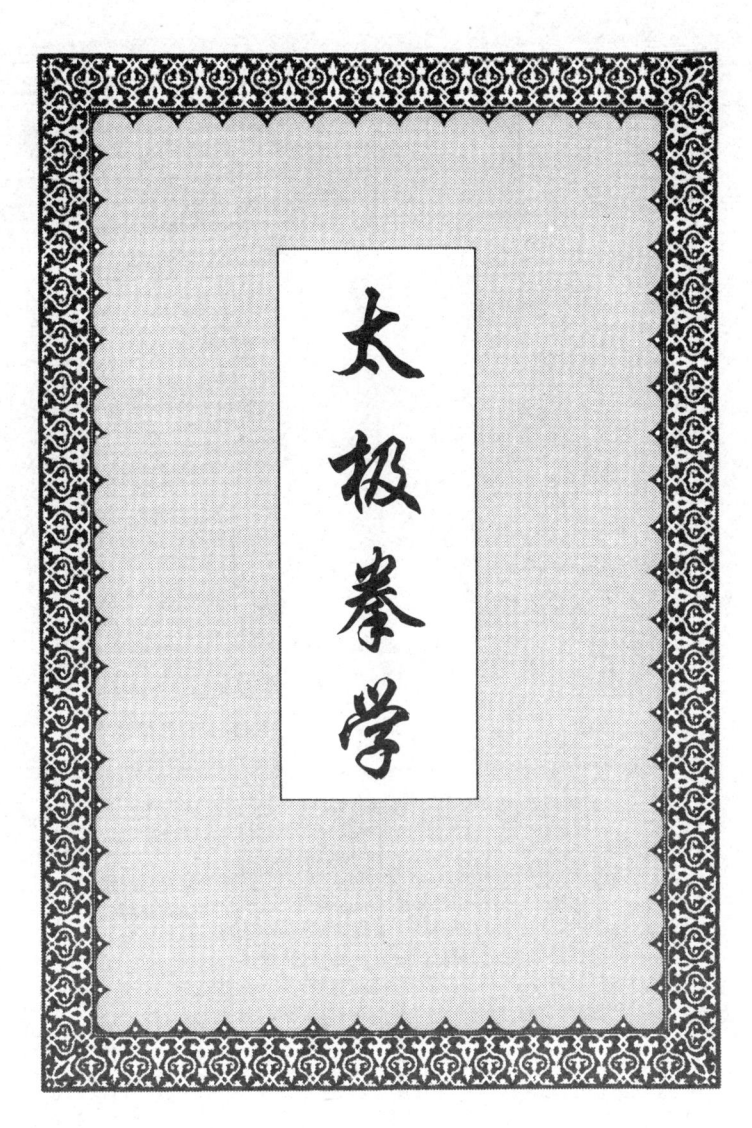

太极拳学

《太极拳学》自序

乾坤肇造，元气流行，动静分合，遂生万物，是为后天而有象。先天元气，赋予后天形质，后天形质，包含先天元气，故人为先后天合一之形体也。人自有知识情欲，阴阳参差，先天元气渐消，后天之气渐长。阳衰阴盛，又为六气所侵（六气者，即风、寒、暑、湿、燥、火也），七情所感。故身躯日弱，而百病迭生。古人忧之，于是尝药以祛其病，静坐以养其心，而又惧动静之不能互为用也，更发明拳术，以求复其虚灵之气。迫达摩东来讲道豫之少林寺，恐修道之人久坐伤神，形容憔悴，故以顺逆阴阳之理、弥纶先天之元气，作易筋洗髓二经，教人习之，以壮其体。至宋岳武穆王，益发明二经之体义，制成形意拳，而适其用，八卦拳之理，亦含其中，此内家拳术之发源也。

元顺帝时，张三丰先生，修道于武当，见修丹之士兼练拳术者，后天之力用之过当，不能得其中和之气，以致伤丹，而损元气。故遵前二经之义，用周子太极图之形，取河洛之理，先后易之数，顺其理之自然，作太极拳术，阐明养身之妙。此拳在假后天之形，不用后天之力，一动一静，纯任自然，不尚血气，意在练气化神耳。其中本一理、二气、三才、四象、五行、六合、七星、八卦、九宫等奥义，始于一，终于九，九又还于一之数也。一理者，即太极拳术起点腹内中和之气，太极是也。二气者，身体一动一静之式，两仪是也。三才者，头、手、足，即上、中、下也。四象者，即前进、后退、左顾、右盼也。五行者，即进、退、顾、盼、定也。六合者，即精合其神、神合其气、气合其精，是内三合也；肩与胯合、肘与膝合、手与足合，是外三合也，内外如一，是成为六合。七星者，头、手、肩、肘、胯、膝、足共七拳，是七星也。八卦者，掤、攦、挤、按、采、挒、肘、靠，即八卦也。九宫者，以八手加中定，是九宫也。先生以河图洛书为之经，以八卦九宫为之纬，又以五行为之体，以七星八卦为之用，创此太极拳术。其精微奥妙，山右王宗岳先生，论之详矣。

自是而后，源远派分，各随己意而变其形式，至前清道、咸年间，有广平武禹襄先生，闻豫省怀庆府赵堡镇有陈清平先生者，精于是技，不惮远道，亲往访焉。遂从学数月，而得其条理。后传亦畬先生。亦畬先生，又作五字诀，传郝为真先生。先生以数十年之研究，深得其拳之奥妙。余受教于为真先生，朝夕习练，数年之久，略明拳中大概之理。又深思体验，将夙昔所练之形意拳、八卦拳与太极拳，三家汇合而为一体，一体又分为三派之形式，三派之姿势虽不同，其理则一也。惟前人只凭口授，无有专书，偶著论说，亦无实练入手之法。余自维浅陋，不揣冒昧，将形意拳、八卦拳、太极拳，三派各编辑成书，书中各式之图，均有电照本像，又加以图解，庶有志于此者，可按图摹仿，实力作去，久之不难得拳中之妙用。书中皆述诸先生之实理，并无文法可观。其间有舛错不合者，尚祈海内明达，随时指示为感。

民国八年 十月（1919年10月）
河北完县禄堂孙福全谨序

太极拳之名称

　　人自赋性含生以后，本藏有养生之元气，不仰不俯，不偏不倚，和而不流，至善至极，是为真阳，所谓中和之气是也。其气平时洋溢于四体之中，浸润于百骸之内，无处不有，无时不然，内外一气，流行不息。于是拳之开合动静即根此气而生；放伸收缩之妙，即由此气而出。开者为伸、为动；合者为收、为缩、为静；开者为阳，合者为阴；放伸动者为阳，收缩静者为阴。开合像一气运阴阳，即太极一气也。

　　太极即一气，一气即太极。以体言，则为太极；以用言，则为一气。时阳则阳，时阴则阴，时上则上，时下则下。阳而阴，阴而阳。一气活活泼泼，有无不(并)立，开合自然，皆在当中一点子运用，即太极是也。古人不能明示于人者，即此也。不能笔之于书者，亦即此也。学者能于开合动静相交处，悟澈本原，则可在各式圜研相合之中，得其妙用矣。圜者，有形之虚圈〇是也，研者，无形之实圈●是也。斯二者，太极拳虚实之理也。其式之内，空而不空，不空而空矣。此气周流无碍，圆活无方，不凹不凸，放之则弥六合，卷之则退藏于密，其变无穷，用之不竭，皆实学也。此太极拳之所以名也。

凡 例

是编分为上下两编，提纲挈领，条目井然。上编次序，首揭无极太极之学，内含阴阳、动静、五行之理论，以无极式为之根，以太极式为之体。斯二者，乃拳中万式之基础也。由第三章懒扎衣至第九十六章双撞捶之式，为太极流行之体也。又由无极发源之始说起，以至九十八章无极收势为太极之式还原终。是为上编之条目。

下编标举太极化生万物之道。以掤、捋、挤、按为采、挒、肘、靠各式之纲，以五行、八卦、十三式为太极之用，又为万法之纲也。上编单独练习，是全其体，下编对手，是全其用。以二人打手分甲乙上下之式，各开门起点、进退伸缩、变化诸法，一一详载。打手时，凡一动一静，按此定法，不使紊乱，则此拳之全体大用功能，庶几近于道矣。

是编，上编一气流行，一动一静，分合上下，内外如一，谓之练体，为知己功夫。下编二人打手，起落进退，左顾右盼，纵横联络，变化无穷，谓之习用，为知人功夫。古人云："知己知彼，百战百胜。"此之谓也。

是编拳术不尚血气，纯任自然，不能伤其后天之力，专以善养人之浩然之气为主。

是编专讲究为修身而作。凡我同胞，无论何界，男女老幼，皆可习之。身体过懦者，可以使之强，过刚者，可以使之柔。或有身体极弱及有劳伤病症者，或因他种拳术，非血气之力不能练习者，亦均可以练之。将气质驯至中和，气固而神自完，祛病延年，可操左券。

是编将拳中功用、名称源流、动作次序、始末诸法贯为全编，一一说明，使学者虚心研究，方知拳中一气贯通之奥妙。

是编每一式各附一图，使太极拳之原理及其性质，切实发明，以达太极拳之精神，能力巧妙，因知各式互相联络，总合而为一体，终非散式也。

是编虽粗浅之言，可以明拳术极深之理、简约之式，可以通拳术至妙之道。

附图均用电照本像，使初学者可以按像摹仿。虚心练习，久则玄妙自见，奇效必彰。世有同志者，余将馨香祝之。

目 录

上 编 …………………………………………(189)
  第一章　无极学……………………………(189)
  第二章　太极学……………………………(190)
  第三章　懒扎衣学…………………………(192)
  第四章　开手学……………………………(195)
  第五章　合手学……………………………(195)
  第六章　单鞭学……………………………(196)
  第七章　提手上式学………………………(197)
  第八章　白鹤亮翅学………………………(198)
  第九章　开手学……………………………(199)
  第十章　合手学……………………………(199)
  第十一章　搂膝拗步学……………………(199)
  第十二章　手挥琵琶式学…………………(200)
  第十三章　进步搬拦捶学…………………(201)
  第十四章　如封似闭学……………………(202)
  第十五章　抱虎推山学……………………(203)
  第十六章　开手学…………………………(203)
  第十七章　合手学…………………………(204)

第十八章　搂膝拗步学……………………(204)
第十九章　手挥琵琶式学……………………(205)
第二十章　懒扎衣学……………………(206)
第二十一章　开手学……………………(206)
第二十二章　合手学……………………(206)
第二十三章　单鞭学……………………(206)
第二十四章　肘下看捶学……………………(207)
第二十五章　倒撵猴左式学……………………(207)
第二十六章　倒撵猴右式学……………………(209)
第二十七章　手挥琵琶式学……………………(209)
第二十八章　白鹤亮翅学……………………(209)
第二十九章　开手学……………………(210)
第三十章　合手学……………………(210)
第三十一章　搂膝拗步学……………………(210)
第三十二章　手挥琵琶式学……………………(210)
第三十三章　三通背学……………………(210)
第三十四章　开手学……………………(214)
第三十五章　合手学……………………(214)
第三十六章　单鞭学……………………(215)
第三十七章　云手学……………………(215)
第三十八章　高探马学……………………(216)
第三十九章　右起脚学……………………(218)
第四十章　左起脚学……………………(219)
第四十一章　转身踢脚学……………………(219)
第四十二章　践步打捶学……………………(219)

第四十三章　翻身二起学……………(220)

第四十四章　披身伏虎学……………(222)

第四十五章　左踢脚学………………(223)

第四十六章　右蹬脚学………………(223)

第四十七章　上步搬拦捶学…………(223)

第四十八章　如封似闭学……………(224)

第四十九章　抱虎推山学……………(224)

第五十章　右转开手学………………(224)

第五十一章　右转合手学……………(224)

第五十二章　搂膝拗步学……………(224)

第五十三章　手挥琵琶式学…………(225)

第五十四章　懒扎衣学………………(225)

第五十五章　开手学…………………(225)

第五十六章　合手学…………………(225)

第五十七章　斜单鞭学………………(225)

第五十八章　野马分鬃学……………(225)

第五十九章　开手学…………………(227)

第六十章　合手学……………………(227)

第六十一章　单鞭学…………………(227)

第六十二章　右通背掌学……………(227)

第六十三章　玉女穿梭学……………(228)

第六十四章　手挥琵琶式学…………(230)

第六十五章　懒扎衣学………………(231)

第六十六章　开手学…………………(231)

第六十七章　合手学…………………(231)

第六十八章	单鞭学……………………(231)
第六十九章	云手学……………………(231)
第七十章	云手下势学………………(232)
第七十一章	更鸡独立学………………(233)
第七十二章	倒撵猴学…………………(234)
第七十三章	手挥琵琶式学……………(234)
第七十四章	白鹤亮翅学………………(234)
第七十五章	开手学……………………(235)
第七十六章	合手学……………………(235)
第七十七章	搂膝拗步学………………(235)
第七十八章	手挥琵琶式学……………(235)
第七十九章	三通背学…………………(235)
第八十章	开手学……………………(235)
第八十一章	合手学……………………(236)
第八十二章	单鞭学……………………(236)
第八十三章	云手学……………………(236)
第八十四章	高探马学…………………(236)
第八十五章	十字摆莲学………………(236)
第八十六章	进步指裆捶学……………(237)
第八十七章	退步懒扎衣学……………(238)
第八十八章	开手学……………………(239)
第八十九章	合手学……………………(239)
第九十章	单鞭学……………………(239)
第九十一章	单鞭下势学………………(239)
第九十二章	上步七星学………………(239)

第九十三章　下步跨虎学……………………(240)
第九十四章　转角摆莲学……………………(241)
第九十五章　弯弓射虎学……………………(242)
第九十六章　双撞捶学………………………(242)
第九十七章　阴阳混一学……………………(243)
第九十八章　无极还原学……………………(244)

下　编…………………………………………(245)
　第一章　　打手用法………………………(245)
　第二章　　打手步法学……………………(246)
　第三章　　打手起点学……………………(247)
　第四章　　甲打手起点学…………………(247)
　第五章　　乙打手起点学…………………(247)
　第六章　　甲乙打手合一学………………(248)
　第七章　　乙掤手学………………………(248)
　第八章　　甲挤手学………………………(249)
　第九章　　乙掤手学………………………(249)
　第十章　　乙按手学………………………(249)
　第十一章　甲捋手学………………………(250)
　第十二章　乙挤手学………………………(250)
　第十三章　甲掤手学………………………(251)
　第十四章　甲按手学………………………(251)
　第十五章　乙捋手学………………………(251)
　第十六章　二人打手换式学………………(252)
　第十七章　二人打手活步学………………(253)

第十八章　附亦畬先生五字诀与撒放密诀
　　　　　　并走架打手行功要言 ………（253）
　撒放密诀……………………………………（255）

上 编

第一章 无极学

无极者,当人未练拳术之初,心无所思,意无所动,目无所视,手足无舞蹈,身体无动作,阴阳未判,清浊未分,浑浑噩噩,一气浑然者也。夫人生于天地之间,秉阴阳之性,本有浑然之元气,但为物欲所蔽,于是拙气拙力生焉,加以内不知修,外不知养,以至阴阳不合,内外不一,阳尽生阴,阴极必敝,亦是人之无可如何者。惟圣人有逆运之道,转乾坤,扭气机,能以后天返先天,化其拙气拙力,引火归原,气贯丹田。于是有拳术十三势之作用,研求一气伸缩之道,所谓无极而能生太极者是也(原注:一气者即太极也)。十三势者,掤、捋、挤、按、采、挒、肘、靠、进、退、顾、盼、定也。掤、捋、挤、按(原注:即坎、离、震、兑),四正方也。采、挒、肘、靠(原注:即乾、坤、艮、巽)四斜角也,亦即八卦之理也。进步、退步、左顾、右盼、中定也(原注:即金、木、水、火、土也),此五行也。合上述之四正四斜为十三势,此太极拳十三势之所由名也。

其中分为体、用，以太极架子、进、退、顾、盼、定言，谓之体。以掤、捋、挤、按、采、挒、肘、靠言，谓之用。又或以五行谓之经，八卦谓之纬。总而言之，曰内外体用一气而已。以练架子，为知己功夫，以二人推手，为知人功夫。练架子时，内中精、气、神，贵能全体圆满无亏。操练手法时，手足动作，要在周身灵活不滞。先达云："终朝每日常缠手，功久可以知己知彼，能制人而不为人所制矣。"

无极学图解

起点：面向正方，身子直立，两手下垂，两肩不可向下用力，下垂要自然，两足为九十度之形式，如图是也。两足尖亦不用力抓扣，两足后根亦不用力蹬扭，身子如同立在沙漠之地。手足亦无往来动作之节制，身心未知开合顶劲之灵活，但顺其自然之性，流行不已。心中空空洞洞，内无所思，外无所视，伸缩往来，进退动作，皆无朕兆(图1)。

图1 无极图

第二章　太极学

太极者，在于无极之中。先求一至中和至虚灵之极点，其气之隐于内也,则为德;其气之现于外也,则为道。内外一气之流行,可以位天地,孕阴阳。故拳术之内劲,实为人身之基础。在天曰命,在人曰性,在物曰理,在技曰内家拳术。名称虽殊,其理则一,故名之曰太极。

古人云:"无极而太极。"不独拳术为然,推而及于圣贤之所谓执中,佛家之所谓圆觉,道家之所谓谷神,名词虽殊,要皆此气之流行已耳。故内家拳术,实与道家相表里,岂仅健身体、延年寿而已哉!

太极学图解

起点:两手下垂,两肩松开,右足尖向里扭直,与左足成为四十五度之形式。头与右足向里扭时,同时亦向左边扭转,两眼向斜角看去。将心稳住,气往下沉。腰用意塌住,要自然,不可用拙力塌劲。头扭之时,要与心意、丹田、上下内外,如同一气旋转之意。舌顶上颚,谷道上提。如此则谓之转乾坤、扭气机,逆运先天真一之气,此气名之曰太极。先哲云:"太极即一气,一气即太极。"观此,则圣贤仙佛以及内家拳术,无不当有其极,无不当保其极,更应无所不用其极,不然而欲修至身体轻灵,内外一气,与太虚同体难矣(图2)。

图2 太极图

第三章 懒扎衣学图解

第一节

先将两手合向里扭，扭至两手心相对，两手再徐徐同时一气如抱着大圆球相似。两手之距离远近，顺着自己的两肩，向左斜角，自下边往前，又往上边起。两手起时与吸气同时，如同划两条弧线，划至离丹田处(即小腹)二三寸许(图3)。

图3 懒扎衣

第二节

前式似停而未停时，即将两手仍如抱着一圆球，靠着身子，与呼气同时往回返划弧线。此种呼吸不可有声。右手划至心口，与左手平直，身子仍直立，不可俯仰歪斜。两腿于两手返划时，要同时徐徐往下弯屈。弯至里屈圆满，上下似半月形。腰要塌住劲(昔人云："以腰为主宰，刻刻留意在腰间"，是此意也)，两腿里根同时往回缩劲，右足后根极力往上蹬劲(语云："劲起于脚跟"，亦此意也)，头亦极力往上顶劲，心要虚灵(将两肩松开，再将气力用意往回收缩，用神逆运于丹田，则心自然虚灵矣)(图4)。

第三节

将前式亦似停而未停之时，左足再向左斜角迈去，足后根似落未落地之时，两手再从心口前后着徐徐一气，向左斜角伸出，伸至极处。两肩亦同时往回缩劲(即是松开两肩)。两股前节要有力。以上蹬顶伸缩，皆是用意，不要用拙力。先哲云"虚灵顶劲"是也。又云"不丢不顶，引进落空"，是打手用法之意，不在此例。右足于两手伸时，亦同时向前跟步，足尖着地。离前左足二三寸许，停住。左足于右足迈时，亦渐渐满足着地。两手仍如同抱着圆球相似，两眼随着两手当中看去(图5)。

图4 懒扎衣

图5 懒扎衣

第四节

外形式似停而内中之气不停，两肩里根与两腿里根即速均往回缩劲，腹内要圆满虚空，神气以意逆运至丹田（神气收敛入骨，是此意也）。再将两手一气往右边，如划平弧线，右手划至与右肩平直，左手心与右胳膊里屈相齐，左足尖仰起，足后根着地，如螺丝轴之意。左足尖与身手同时向右边旋转，右足根亦同时徐徐着地。两眼望着右手看去，不可停住（图6）。

图6 懒扎衣

第五节

再将右足往前迈去，足后根着地，随即将两手一气着，于右足往前迈时同时如转一圆圈相似，转至两手心向外。左手心离着右手里腕二三寸许，两手再一气往前推去。两胳膊略弯屈点。左足于两手向前推时同时跟步，足尖着地，离右足二三寸许。右足尖亦同时往下落地，两足尖均对斜角，两眼仍看前右手，微停。腹内要虚空（即是松静），舌顶上颚，谷道上提。腰要塌劲，足蹬劲，头顶劲（古人云："腹内松静气腾然，尾闾中正神贯顶，满身轻利顶头悬。"是此意也),两肩两腿,里根缩劲仍如前。亦皆是用意,不是用拙力,以后仿此。自起点至五节,要一气流行,不惟五节如此,由始至终亦要周身节节贯串,勿令丝毫间断,学者不可忽也(图7)。

第四章　开手学

即将两手如同抱着气球,内中之气亦如同往外放大之意。两手大拇指离胸前一二寸许,平着往左右分开,开至两手虎口与两肩尖相对,两手五指俱张开,微停(图8)。

第五章　合手学

即将右足尖仰起,足后根着地,亦如同螺丝轴旋转之意,向着左边扭转,扭至足正直。身子扭转要一气,不可有忽起忽落、间断之形

图7　懒扎衣

图8　开手

图9 合手

式。劲要平和，不可有努力乖戾气象。再两手于右足扭时，要同时亦如同抱着气球，往回缩小之意。往一处合，合至两大手指相离寸许，两手心空着，仍如同抱着圆球相似。两腿要弯屈，右足着地，左足后跟欠起，足尖着地，停住。两眼看两手当中。身体动作，阴阳要得宜。手足扭转开合要自然周身不可有一毫勉强之力(图9)。

第六章　单鞭学

先将两手腕往外扭，再从心口横平着，如攞长杆，往左右徐徐分开到极处，两手心朝外，两手掌直立，两手指与眼相平。两眼看右手食指梢。左足当两手分开之时，亦同时往左边迈去，斜横着落地。左足横直着，左膝与左足跟成一垂直线。两腿里屈要圆满，不可有死弯子。身子仍要直，两肩要松开，两腿里根亦要松开缩劲。两肩两腿里根均松开，腹即能松开，腹松开气即能收敛入骨，神舒体静。腹内之气不可骤然往下压力，要以意运气，徐徐下注于丹田。道德经云："绵绵若存。"亦是此意也(图10)。

图 10　单鞭　　　　　图 11　提手上式

第七章　提手上式学

先将全身重心移在左腿上，腰塌住劲。随后将左手手心朝外着，如划上弧线，划至手背靠着头天庭处停住；右手与左手同时，亦如划下弧线，划至拇指根，靠着丹田气海处(即小腹)停住。右足亦与两手同时往左腿处合并，两腿似挨未挨，足尖落地，与左足尖相齐，两足相离半寸许，两腿弯屈似半月形。身子仍直着稳住，两肩两腿里根于两足两手动时，俱要松开。腹亦松开，内中之气不可用压力往下沉，要以神贯注。身子形式虽停而意仍未停。再换式总要一气贯串，学者不可不知(图11)。

第八章　白鹤亮翅学

第一节

再将左手从头部往下落，落至心口下边，肘靠着胁，拇指根靠着腹，停住。右手腕往外扭，扭至手心朝外，从小腹处与左手同时，自左手外边往上起，起至头部，手背靠着天庭处。右足与两手同时往前迈步，足后跟着地。两足之距离，由自己酌定。右足落地时，身子直着，不能移动重心为至善处。腰塌住劲，两肩两腿里根，皆用意往回缩劲，然不可显缩，头顶不可显顶，心中虚静，空空洞洞，要无所朕兆，不着意思，自然稳住，方为神妙（图12）。

第二节

再将右手拇指根，离着右边脸似挨未挨着，从头处往下落，落时肘要直着往下坠，左手从心口下边，于右手往下落时，同时靠着身子微微往上起，起至心口，与右手相齐，两手拇指，相离寸许。右足与两手起落时，足尖徐徐

图12　白鹤亮翅

着地，将重心移在右腿上。左足后跟与右足尖落地时，亦同时欠起，往前跟步，跟至右足跟后边，仍足尖着地。腰塌住劲，两手与身子一气着，徐徐往前推，推至两胳膊似屈非屈，似直非直，两眼看两手当中，停住（图13）。

图13 白鹤亮翅

第九章 开手学

见第四章"开手学"（图8）。

第十章 合手学

见第五章"合手学"（图9）。

第十一章 搂膝拗步学

先将左手五指往右边落，再从心口右边往下斜着搂一弧线，搂至左胯处，拇指、二指撑开如半月形，拇指离胯一二寸许，左足于左手搂时，同时往左边斜着迈去，足后跟着地。右手与左手五指往右边落时，手心仍朝里着，与开手式相似，同时往右边开去，开

至大指与右肩相平，再即速将食指梢从右口角寸许往左边推去，推至胳膊似直非直，似屈非屈，食指梢与口相平。右足与右手同时往前迈步，迈至左足踝骨前落下，足尖着地。左足俟右足迈时，足尖徐徐着地，两眼仍看前手食指梢。腹内俟左手搂时，即速松开。以上皆是用神气贯注，不可用拙力。身子仍直着，重心移在

图14 搂膝拗步（左式）

左腿上。式微停，而内中之意仍不断。腹内松开时，如同手提纱灯，从顶直着往下按，按至形式圆满，内里虚空着。圆满喻周身无亏，虚空喻腹内松开之意。虽然比喻，总在学者，神而明之也（图14）。

第十二章 手挥琵琶式学

先将两手五指俱伸直，手虎口朝上着，右足即速再往后撤步，足尖着地，撤步之远近，不移动重心为至善处。随即将右手往回拉，拉至心口前停住。左手于右手往回拉时同时往前伸去至极处。左足亦同时往后撤，撤至右足前边，足后跟与右足相离半寸许，足尖着地，停住。右足后跟，亦与左足往回撤时着地。

惟是身子往回撤时，神气稳住，不偏不倚，腹内松静，周身轻灵，如同悬空之意。内外要一气着往后撤，不可散乱，练者宜深思之（图15）。

第十三章
进步搬拦捶学

先将左手往左胁搂，左足于左手搂时，同时往前迈步，右手同时手心向上，从左手下面向前伸至极处。随后右手往右胁搂，右足亦同时往前迈步。式子不要停。再将左手往前出去，又往下扣，如同扣人的手相似扣去。左足仍于左手扣时，同时往前迈步，右手握上拳，从右胁于左手往下扣时即速往左手腕上边直着打出去，拳与心口平，左手背朝上着，于右手往前出时，同时往心口里来，左手里腕靠着

图15 手挥琵琶式（左式）

图16 进步搬拦捶

心口。右足于右手出去时，亦同时跟步，离左足后跟一二寸许停住。两眼看右手食指中节，身体形式如图是也。右拳往前打时，两肩不可往下硬垂劲，两肩两胯里根及腹内仍是松开，精神贯注。身式要中正，意气要平和而不可乖谬(图16)。

第十四章　如封似闭学

先将右手往回抽，左手于右手往回抽时在右胳膊下边挨着，同时往前伸去。两手一抽一伸，至两手相齐为止。两手腕均向外扭劲，扭至两手心朝外。右足于右手抽时，亦同时往后撤步，撤至两足相离远近，量自己身子高矮而定，足落地时，总不移动周身的重心为至善处。随后两手于左足撤时，同时往回抽，两大指相离寸许，抽至心口，轻轻靠住。左足撤回时，足尖着地，足后跟离右足寸许，两腿里屈要圆满，似半月形。如图是也。但是身子往回撤时，要一气着，身子如同立在船上，面向西看。船往东行，要一气撤回，身子要平稳，不可忽起忽落，高矮要一律(图17)。

图17　如封似闭

第十五章　抱虎推山学

再将两手心朝外着，一齐往前推去，与心口平，两胳膊似屈非屈，似直非直，两眼看两手当中，停住。左足于两手往前推时，同时极力往前迈步，右足亦随后紧跟步，离左足一二寸许，身子高矮与前式仍是一律，勿散乱。腰要塌住劲，又要松开劲。周身内外之气与劲，仍如前松沉。两手两腿及身形式样，如图是也。外形虽微停，而内中之意不可止，是在学者意会之（图18）。

图 18 抱虎推山

第十六章　开手学（右转）

即将左足尖仰起，足后跟着地，亦同螺丝轴旋转之意，向着右边扭转，扭至左足正直。身子扭转亦总要一气，不可有忽起忽落、间断之形式，劲亦要平和，不可有努力乖戾之气象。再在两手于左足扭时，如同抱着气球，内中之气有往外放大之意，两手大指离胸前一二寸许，平着分开，开至两手虎口与两肩尖相对，两手五指俱张开，微停(图19)。

第十七章　合手学(右转)

两手同时往一处缩窄，两手相离，两腿弯屈，两眼看处，身体动作，均与第四章第五章开合形式相同。但彼式身子是向左转，是右足转。此式身子是向右转，是左足转，因身足略有分别，故又另作此二图也(图20)。

图19　开手(右转) 　　　图20　合手(右转)

第十八章　搂膝拗步学(右式)

先将右手五指往左边落，再从心口左边往下斜着搂一弧线，搂至右胯处，大指二指撑开，如半月形，大指离胯一二寸许。右足于右手搂时，同时往右边斜着迈去，足后跟着地。左手于右手五指往左边落时，手心仍朝里着，与开手式相似，同时往左边开去，开至大指与左肩相平，再即速将食指梢从口角寸许往右边推去，推至胳膊似直非直，似屈非屈，食指梢与口相平。左足

图21 搂膝拗步（右式）

与左手同时往前迈步，迈至右足胫骨前落下，足尖着地。两眼仍看前手食指梢。腹内之气，塌腰松裆，一切神气，均与第十一章相同（图21）。

第十九章 手挥琵琶式学（右式）

先将两手五指均伸直，手虎口朝上着，左足即速再往后撤步，足尖着地。随即将左手往回拉，拉至心口前停住。右手于左手往回拉时，同时往前伸去至极处。右足亦同时往后撤，撤至左足前边，足后跟与左足相离半寸许，足尖着地，停住。左足后跟于右足往回撤时，足后跟亦着地。身子往回撤时，内外之神气

图 22 手挥琵琶(右式)

轻灵一切，皆与第十二章相同(图 22)。

第二十章
懒扎衣学

身体动作，两身转圈，两足起落，腹内一切之劲性情意，皆与第三章懒扎衣，第五节式相同，不再赘述(见第三章"懒扎衣学"第五节，图 7)。

第二十一章　开手学

见第四章"开手学"，图 8。

第二十二章　合手学

见第五章"合手学"，图 9。

第二十三章　单鞭学

见第六章"单鞭学"，图 10。

第二十四章　肘下看捶学

将左手仍用掌往前极力用意伸住，腹内亦用神气贯注，身子不可有一毫俯仰之形。随后将右手握上拳，胳膊如同藤子棍屈回，靠着胁，拳从脐处往前左肘伸去。右足于右手伸时，同时往前迈步，至左足里边当中落下，足尖落地，两足相离半寸许。两手同时往前伸住，两肩与两胯里根亦用意往回缩住。伸缩总要一气，似停而未停之时，即将右足往回撤，足尖着地，左足随后亦往回撤，撤至右足前边落下，两手仍伸住，不可移动。两足往后撤时，身子之形式，各处之劲，虚灵之情，两足相离之远近，均与第十二章手挥琵琶式相同(图23)。

图23　肘下看捶

第二十五章　倒撵猴左式学

先将左手往胸前处来，大指至胸前二三寸许，将

图24 倒攒猴（左式）

手心往下扣，右手于左手往胸前来时，手心朝上着，同时往右边斜着往下落。右足亦于两手扣落时，同时将足尖欠起，足后根着地，如螺丝之意往里扭转，扭至足尖或正直或微往里扣着点，足尖落地。再将左手从心口斜着，往左边搂一弧线，大指、二指撑开，如半月形，搂至大指离左胯一二寸许。左足于左手搂时，同时亦斜着往左边迈步，足后根落地。再将右手手心向上着，往上抬起，起至与右肩相平，手心再向里着，五指俱张开，食指梢从右口角往前推去。两手之曲直，皆与搂膝拗步相同。右足亦于右手往前推时，同时往前跟步，跟至左足中间，相离四五寸许落下，足尖着地。两足之形式，如图是也。此式自两手、两足动作始末，要一气串成，内中并无间断，如同圆球滚一周圈，无有停滞之意。内中之气，自胸至丹田，与坐功坐至静极时腹内如空洞相似，周身之神气，全注于丹田沉住。故内家拳与丹学实相表里，内中之气，诚有确据，并非空谈。实地练习，功久自知（图24）。

第二十六章　倒撵猴右式学

先将左足尖欠起,足后根亦如螺丝之意,往里扭转。足之形式,与左式转右足根之形式相同。再将右手往右边,斜着搂一弧线,大指、二指撑开,如半月形。搂至大指离右胯一二寸许,再将左手心向上着,往上抬起,起至与左肩相平。手心再向里着,五指张着,食指梢亦从左口角往前推去。两手之形式、两足之距离、周身之动作、内外之气劲,均与左式相同,左右循环之式,数之多寡,各听其便,不拘一定(图25)。

图25　倒撵猴(右式)

第二十七章　手挥琵琶式学

见第十九章"手挥琵琶式学"。图22。

第二十八章　白鹤亮翅学

见第八章"白鹤亮翅学"。图12、图13。

第二十九章　开手学

见第四章"开手学"。图8。

第三十章　合手学

见第五章"合手学"。图9。

第三十一章　搂膝拗步学

见第十一章"搂膝拗步学"。图14。

第三十二章　手挥琵琶式学

见第十二章"手挥琵琶式学"。图15。

第三十三章　三通背学

第一节

先将右手往后划一弧线，至头顶不可停住。再从头顶，与前要一气着往下按，按至两腿当中，离地七寸上下停住。左手于右手往后划时，同时往回抽，在左胯上、左胁下边，手心朝里靠住。再将左足于右手往下按时，同时往后撤，撤至足后跟与右足后跟似挨未挨之意，足后跟欠起，足尖着地。两腿微微弯屈着，两胯里根用意缩住劲，腰亦仍用意塌住。两眼看右手食指根节，腹内亦仍收敛神气于骨髓。身子虽有曲折之形式，而腹内总要含有虚空松开之意，无相挨之情形（图26）。

图26 三通背

第二节

再将右胳膊往上抬起，起至手背靠着头正额处，身子亦同时直竖起，又将左手虎口朝上着，同时于胁下往前伸直，手虎口仍朝上着，与心口相平。左足与两手同时极力往前迈去，两足相离之远近，随人之高矮，总要两腿弯屈着，不移动重心为至善处。两眼顺着左手食指梢看去，将神气沉住，且内外开合须要分明。虚实动静，务要清楚，不可有一毫之混淆，使内中之神气散乱不整耳（图27）。

图 27 三通背　　　图 28 三通背一式

第三节　三通背学一式

先将两足与身子并腰如螺丝形（即研劲），从前边往右转，扭转至面向后边，两手亦于身转时，同时右手从头处，往右后边又往前往下斜着落去，如划弧线，划至极处，手与肩相平直，手虎口朝上着。又左手心朝里着，亦同时从左边，亦如划弧线至头处，从头处往前、往下落去，划至极处，手虎口亦朝上着，亦与左肩相平直，两手心斜对着，两眼看两手当中。两足仍未离地基，两足之形式，与本章第二节图，左作右，右作左，两相互换之式同。两手之劲同时往前伸，两肩亦虚空着往回缩，腰中之劲，微有往下塌之意，是取虚空之意也。周身内外之劲，神气收敛，气往下沉，仍如前。周身之形式，如图是也（图28）。

第四节 三通背学二式

再将左足先往后微垫步，两胯里根并两肩极力往回缩住，再将右足极力往后撤，撤至左足后边斜着落下，如半八字形式。两足之远近，仍随人之高矮勿拘。两手再从前边，如揪虎尾之意，徐徐落在两胯里根。左足于两手往回揪落时，同时亦往回撤，撤至足后根在右足当中约二三寸落下，足尖着地。身子于两手往回揪时，亦徐徐往上起，头要往上顶。身子虽然起直，两腿总要有点弯屈之形。腹内之气仍要缩回丹田，腰仍要往下塌住劲。一切之伸、缩、顶、塌、揪等等之劲，亦皆是用意，不要用拙力（图29）。

图29 三通背二式

第五节 三通背学三式

再将两手同时靠着身子往上起，至心口上边，再往上又往前伸去，到极处勿停。左足亦于两手伸时，同时往前迈步，足尖往外斜着落下，亦如半八字形。两足相离之远近，身子仍不动，极力往前迈步，不能移动重心为妙。再将两手又往下落，仍到两胯里根处，右足于两手往下落时，同时往前迈去，至左足前

图 30 三通背三式

边，足直着落下，足尖着地。两足距离之远近，仍要身子不起不落、不俯不仰、不能移动重心之情形。再将两手仍靠着身子往上起，至心口上边往前推去。两手推法，与第三章懒扎衣五节式相同。右足于两手推时，同时往前迈去落地。左足之跟步，两手之推法，两足之距离，亦与懒扎衣五节式相同。一、二、三节之式，练时不可有凹凸处，不可有续断处，总要节节相贯，一气串成，最为要着(图30)。

第三十四章　开手学

见第四章"开手学"。图8。

第三十五章　合手学

见第五章"合手学"。图9。

第三十六章 单鞭学

见第六章"单鞭学"。图10。

第三十七章 云手学

第一节

先将左手,从左边,胳膊靠着身子,往右边划一下弧线,至右胳膊里根处,似停而未停。左足于左手划弧线时,同时微往右边迈去落地,足尖仍往左边斜着点(图31)。

图31 云手

第二节

再将右手从右边,胳膊靠着身子,往左边划一下弧线,至左胳膊里根处,似停而未停。左手再从右胳膊里根处,于右手往下落时,同时往左边划一上弧线,从眼前边,划至左手原起处,似停而未停。右足于右手划时,同时足尖仍往左边,微

图32 云手

斜着点迈去，两足相离二三寸许落下。两足之形式，足尖仍向左边斜着点。再右手往右边划时仍如前，左足再往左边迈去之形式亦如前。惟左足落地之远近，随人之高矮，仍不能移动重心为至善。两手、两足循环之式，仍如前。两手之形式，如同两个套环圈相似，循环不已。数之多寡自便。但云手时，腰要极力塌住劲，身子微有向下坐之形式。左手往右，随着往右，右手往左，随着往左，要与两胳膊一气，随着摇动。外形虽然摇动，而腹内之松空，及神气注于丹田，与动作之虚灵，并各处之劲，亦仍然如前(图32)。

第三十八章　高探马学

第一节

仍再接云手式。两手从左边往右边云时，左手到心口处，胳膊靠着身子，右手亦仍到原起处。左足随着两手往右边云时，同时往回来，落地离右足一二寸许，与右足成一丁字形式。右手再从上边往下落，仍如划下弧线，到右胯处不停，即速往上抬起，手与心口相平直，胳膊似屈非屈，似直非直。左手仍在心口前边，两手心俱朝里着。右足于右手往上抬时，同时斜着往前边迈去落下，足尖着地，足后跟离左足一二寸许，两足仍成为丁字形式。身子高矮与前仍一律着，两腿亦仍微屈着点。身式似停而未停(图33)。

图33 高探马

第二节

即速将左手往里扭，扭至手心朝上。右手与左手同时，亦往外扭，扭至手心朝下，两手如同抱着一大圆球相似。两手心上下相离三四寸许，两手离心口一二寸许。两足尖于两手扭时，亦均向左边扭，扭至两足正直，或足尖微向左边斜着点亦可，不必拘泥，右足尖仍着地(图34)。

图34 高探马

第三节

再即速将两手腕往外拧，拧至两手之形式如第五章合手式相同，惟身体之形式如前。一切之神气与劲，亦仍如前式微停，而意仍未停。凡各式，外面虽有停之形式，而内中之意仍未停，以后均仿此（图35）。

第三十九章　右起脚学

再将两手如单鞭式分开，右足于两手分开时同时踢起，起至与右手相交。两眼望着右手看去。腰微往下塌，腹内松开，气亦要往下沉，式不停。即速将足落回原地，满足着地。两手于右足落时，同时往一处合，形式与第五章合手式相同。左足后根亦即速抬起，足尖着地，眼亦扭向左边看，式微停（图36）。

图 35　高探马　　　　图 36　右起脚

第四十章
左起脚学

即速将两手如右式分开，左足踢起，亦与右足踢起相同，手足相交亦相同。又即速将左足落回原处，根尖仍着地。两手亦往一处合，形式如右式。又即将右足并身子微向左转，两眼往左边正面看去，式微停（图37）。

图37 左起脚

第四十一章 转身踢脚学

再将左脚踢起，两手分开，手足相交。两眼看处，腹内之神气，皆与第四十章式相同。

第四十二章 践步打捶学

即将左足极力往前落地，两足相离远近，随人之高矮，落地足尖往外斜着。左手于左足落时，同时再往下边左胯处搂回停住。再将右足往左足前边迈去，

图 38 践步打捶

落地之时，足尖亦往外斜着点，两足之距离，亦随人之高矮勿拘。右手于右足迈时，同时从后边往右耳处不停，再从右脸前边一气着往下搂去，至右胯处停住。左足再往前迈去落地，足尖直着，两足之距离仍随人之高矮。左手于左足迈时，同时从左胯处往上起，起至脸前，再往下搂至左胯处，如前停住。再右手握上拳，于左手搂时，同时从右胯处往后边如划圆弧线，从耳旁再往前往下，从两腿之中间打下去，至左膝下边停住。两眼看右手。右手往下打时，身子随着往下弯屈，腰总要极力塌住，腹内亦极力松开。身体之形式，如图是也。以上搂手、落足、迈足，均要一气着。学者宜细悟之（图38）。

第四十三章　翻身二起学

先将左足往里扭，扭成半八字形，即速将右手于左足往里扭时，同时从前边往后边，如划上弧线，从头顶前边过去，身子亦一气随着往右边扭转。再右手从头顶前边往下落时，右足同时微往前迈步落地，足尖朝外斜着，亦如半八字形。左手于右手往下落时，亦同时从左胯处往上起，再从左脸处往心口前边搂下去，仍搂至左胯处停住。左足于左手往上起时，同时极力往前迈步，迈至右足前边落下，足尖朝外斜着，仍如半八字形式。两足之距离，亦随人之高矮。再右手落到右胯处，不停，于左手往下搂时，同时自右胯处往上来，手腕往外扭着，如划一小圆圈之意，至右口角处，手心朝外，不停，右足再从后边提起，往前踢去。右手在右足往前踢时，同时从口角处往前出去，望着右脚面拍去。手足相交之式，手足高矮与心口相平。式不停，即将右足撤回，撤至左足后边来，足尖对着左足后根，足尖着地。右手不回来，仍直伸着。再，左手于右足往后撤时，同时往前边出去伸直，右手仍在前，左手仍在后，两手心俱朝里斜对着。腰微往下塌劲，微停。身之形式，如图是也。自扭足、翻身、搂手、踢足，至塌腰，是一气呵成，不可间断（图39）。

图39 翻身二起

第四十四章　披身伏虎学

　　先将左足极力撤回，至右足后边，落地仍是半八字形式，再随即将两手同时一气着往下、往回拉。拉时之情形，两手如同拉一有轮之重物，拉着非易亦非难之神气。身子又徐徐往上起，头亦有往上顶之形式。身子虽然往上起，而内中之气仍然往下沉注于丹田。所以拳中要顺中有逆，逆中有顺也。身子往上起为顺，气往下沉则为逆矣。再右足于两手往回拉时，同时往回撤，撤至左足外一二寸许落下，足后根对着左足当中。两手拉回时不停，再一气着从左胯处，往右边抡一圆圈至前边，落在小腹处，亦不停，即将两手腕往外撑，又往下塌，两手梢往上仰起，两手之形式，如第五章合手图式。左足于两手往下抡落时，同时将足往里扭，足尖着地。右足与两手往下塌时，同时略抬起，足尖朝斜着落下。仍如半八字形式。两腿弯屈如剪子股形式，左膝微靠着右腿里屈。身子与两手腕往下塌时，腰也同时往下塌。身

图40　披身伏虎

子仍直着,式微停。两眼往前看去,周身内外之神气如前。身体之形式,如图是也(图40)。

第四十五章　左踢脚学

先将两手如单鞭式分开,左足于两手分时同时往正面踢去。手足相交之形式,并神气,与第四十一章转身踢脚之形式相同(见四十章"左起脚学"。图37)。

第四十六章　右蹬脚学

左足不落地,即速将腿屈回,身子向右转,左足落在右足后边,落地足横着,或往里扣着点,不拘。两手与身子向后转时,同时往一处合并,形式并与合手式相同。右足亦于身子向后转时,同时足后根欠起,足尖着地,身子转过来再蹬脚(见第三十九章"右起脚学"。图36)。

第四十七章　上步搬拦捶学

即将右足落在前边,足尖向外斜着,如半八字形落下。两足之远近,仍随人之高矮,惟是神气身形不可过,亦不可不及。再往前上左步,后右足紧跟步,左手往下搂,右手挽回右胁,再往前打去。此式与第十三章进步搬拦捶,上下内外均皆相同,但前章之进步搬拦捶,系进三步,此是上左一步,故有进、上搬拦捶之分别耳(见第十三章"搬拦捶学"。图16)。

第四十八章 如封似闭学

见第十四章"如封似闭学"。图17。

第四十九章 抱虎推山学

见第十五章"抱虎推山学"。图18。

第五十章 右转开手学

见第十六章"开手学"。图19。

第五十一章 右转合手学

见第十七章"合手学"。图20。

第五十二章 搂膝拗步学

见第十八章"搂膝拗步学"。图21。

第五十三章 手挥琵琶式学

见第十九章"手挥琵琶式学"。图22。

第五十四章 懒扎衣学

见第三章五节"懒扎衣学"。图7。

第五十五章 开手学

见第四章"开手学"。图8。

第五十六章 合手学

见第五章"合手学"。图9。

第五十七章 斜单鞭学

即将左足往斜角迈去,两手分开,及身之形式,仍与第六章单鞭式相同(见图10)。

第五十八章 野马分鬃学

先将左足极力往后边撤,落地足尖向外斜着。左手于左足往后撤时，同时往下落到小腹处。从小腹处，再往上起，至心口右边，再往上起，至眼前头，再从眼前头，仍往左边落下去，如划一圆圈形式。右手俟左手划到心口右边时，亦往下落至小腹处。从小腹至心口左边，从心口左边再往上起，至眼前边，从眼前边，仍往右边落下去，亦如划一圆圈形式。再右足亦于右手从小腹处往上划时，同时往左足处来。足尖往里合着点落下，足尖着地。两足之距离，四五寸许。式不停，即速再从左足处，于右手往下落时，同时斜着往右边迈去，落地足尖往外斜着。又两手在前边，手心朝外着，如同两个圆圈相套之形式，如 ⚭ 是也。再将左足往前极力斜着，如返弧线形式迈去。如 ⚮) 是也。落地足尖仍往外斜着，左手仍与左足同时，如前划一圆圈。右足俟左足方落地时，亦往前直着极力迈去，落地足尖往里扣着点。右手与右足迈时，亦如前划一圆圈形式，两手仍如前两圈相套之形式。但划第二个套圈时，右手划到心口右前边，左手划到心口左后边，即速往右手腕去。两手于右足往前迈时，同时往前如第三章第五节懒扎衣式

图41 野马分鬃

推去相同。左足亦于两手推时，同时亦往前跟步。落地两足相离之远近，及一切之劲，仍与第三章第五节懒扎衣式相同。微停(图41)。

第五十九章 开手学

见第四章"开手学"。图8。

第六十章 合手学

见第五章"合手学"。图9。

第六十一章 单鞭学

见第六章"单鞭学"。图10。

第六十二章 右通背掌学

即将左手从左边，往上如划一上弧线，划至头处，手背紧靠正额处。身子往右转，左足于左手往上划时，

图42 右通背掌

同时如螺丝形往里扣，扣半八字形式，右足亦同时，如螺丝形往外扭，足尖往里扣着点，两足仍不离原地。右手于左手往上划时，极力虚空着往前伸劲。两眼顺着前右手食指看去，两肩里根并两胯里根，亦同时极力虚空着，往里收缩。收缩之理，喻地之四围皆高，当中有一无底深穴，四面之水皆收缩于穴中之意。是在学者体察之(图 42)。

第六十三章　玉女穿梭学

第一节

将右手往回抽，抽至里手腕到心口处。左手于右手往回抽时，同时手腕往里拧着往下落，落至右手梢上边，手心朝里着，两肘靠着胁。右足于两手抽落时，同时亦略往回来，落地足尖往外斜着，如半八字形式。两腿要略弯屈点，两眼顺着左手看去，不停(图 43)。

第二节

再将左手腕往外拧着，往上翻起，手背靠着正额

图 43　玉女穿梭

处。左足于左手往上翻时，同时再往斜角极力迈去。右足于左足迈时，随后紧跟步，落地两足相离二三寸许。右手在心口处，于左手翻时，并左足迈时，要与身子一气，有往前推去之意。胳膊靠着身子，手略往前推出去，不必太远(图44)。

第三节

即速将左足极力往里扭扣，再将左手于左足往里扣时，同时往下落，落至里手腕到心口处。再右手于左手往下落时，同时手腕往里拧，又往上起，起至左手梢上边。手心朝里，两肘仍靠着身子，于左足扣时，一气着往右转。再将右手腕往外拧着，往上翻起，手背亦靠着头正额处。右足于右手往上翻时，同时往斜角极力迈去。左足于右足迈时，随后亦紧跟步，落地两足相离二

图44 玉女穿梭

图45 玉女穿梭

三寸许。左手在心口处，于右手翻时，并右足迈时，同时亦与身子一气着，如同往前推去之意。胳膊仍靠着身子，手略往前推出去，不可太远(图45)。

第四节

再将右足略往前迈去。即将右手于右足迈时，同时往下落至心口处。左手于右手往下落时，同时往里拧，又往上起，起至右手梢上边。手心朝里，两肘亦紧靠着胁。形式与本章第一节相同。再左足斜着往左边迈去，左手腕往外拧着，往上翻起。右足跟步，两足相离远近，及一切之形式，并神气意，亦皆与本章第二节相同(见图44)。

第五节

再将身子向右转，形式两足、两手动作，并一切之劲，亦皆与本章第三节式相同。但前三节，右足是往斜角迈去，此式右足是往正面迈去，以上练法虽分五节，其理前后，亦皆是一气串成(见图45)。

第六十四章 手挥琵琶式学

先将左足极力往后撤，两足落地之远近，随乎人之高矮不拘。再将右手从头处，于左足撤时，同时斜着往前往下落去，胳膊伸直，与心口平。左手与右手同时，亦往前伸。左足往后撤时，右足随着亦往后撤。两手并两足落地远近及身法，均与第十九章手挥琵琶式相同(见第十九章"手挥琵琶式学"。图22)。

第六十五章　懒扎衣学

见第三章"懒扎衣学"第五节。图 7。

第六十六章　开手学

见第四章"开手学"。图 8。

第六十七章　合手学

见第五章"合手学"。图 9。

第六十八章　单鞭学

见第六章"单鞭学"。图 10。

第六十九章　云手学

见第三十七章"云手学"。图 31、图 32。

第七十章　云手下势学

云手不停式。将右手云到心口左边时，身子往左转正。左手于身子转时，同时往下落，如划弧线到小腹处不停，大指根靠着身子往上起。再右手于左手往上起时，同时略往前伸去点，左手再从右手上边将左手中指盖于右手食指上。再两手前后分开，左手往前推去，伸直与心口平，右手往后拉至右胯处，大指靠住。两手前后分时，身子直着，同时徐徐往下矮去，腰要塌住劲。左足亦于两手分时，同时往前迈步，足后跟着地，两足相离远近，亦随乎人之高矮。两腿均要弯屈，右腿作为全体之重心。两眼望着左手看去，腹内松开，手足肩胯，亦不要着力。如图是也（图46）。

图46 云手下式

第七十一章　更鸡独立学

第一节

将右手从右胯处，胳膊似屈非屈，似直非直，往前往上划一弧线。划至手梢与头齐，手梢朝上，大指离脸二寸许。身子于右手划时，同时往上起。右腿极力与右手同时往上抬起，足尖要往上仰着，足后根往下蹬着。腰亦往下塌劲，头项稳住。心中虚空用意往上顶劲，两肩亦要用意往下缩劲。胳膊肘与膝相离二三寸许。左手于右手往上划时，同时如划下弧线，往下落至左胯处，手梢朝下。两眼略用意往上看手梢，式微停（图47）。

第二节

先将右足略往前往下落去，腿仍屈着，身子直着，随着右腿落时，腰塌住劲往下矬去。右手于右足落时，同时从头处往下落，亦如往下划弧线，右手落至横平时不停。再左手从左胯处，如本章第一节，右手往上起划一弧线相同。亦划至手梢与

图47　更鸡独立

头齐，手梢朝上，大指离脸二寸许。左腿于左手往上划时，同时极力往上抬起，亦如本章第一节右腿抬起相同。再右手落至横平时，于左手往上起时，同时往下落，至左胯处，手梢朝下。两眼微用意往上看左手梢。再头、手、足、肩、胯，并身子起落，均与本章第一节式相同。式微停，再换式。左右不拘数，勿论数之多寡，总要练至左式为止(图48)。

图48 更鸡独立

第七十二章 倒撵猴学

见第二十五章"倒撵猴左式学"，图24及第二十六章"倒撵猴右式学"，图25。

第七十三章 手挥琵琶式学

见第十九章"手挥琵琶式学"。图22。

第七十四章 白鹤亮翅学

见第八章"白鹤亮翅学"。图12、图13。

第七十五章 开手学

见第四章"开手学"。图8。

第七十六章 合手学

见第五章"合手学"。图9。

第七十七章 搂膝拗步学

见第十一章"搂膝拗步学"。图14。

第七十八章 手挥琵琶式学

见第十二章"手挥琵琶式学"。图15。

第七十九章 三通背学

见第三十三章"三通背学"第一、二、三、四、五节。图26~图30。

第八十章 开手学

见第四章"开手学"图8。

第八十一章　合手学

见第五章"合手学"。图 9。

第八十二章　单鞭学

见第六章"单鞭学"。图 10。

第八十三章　云手学

见第三十七章"云手学"。图 31、图 32。

第八十四章　高探马学

见第三十八章"高探马学"。图 33～图 35。

第八十五章　十字摆莲学

高探马至如第三十八章第二节式时，不停，即将左手腕往外扭，右手腕同时往里扭。右手翻在下边去，左手翻在上边来。于高探马二节式，两手上下互换。右足于两手扭时，同时足尖往外斜着摆去，足仍不离原地基。随后再将左足往里扣着迈在右足处，两足成为倒八字形式。两足尖相离一二寸许。身子随着左足迈时同时向右转。右手于左足迈时，亦同时往外扭，扭至手心朝下。左手仍在上，右手仍在下，两手心亦俱朝下着，在心口处。式不停，即将右腿极力抬起，脚面挺住劲，脚面朝外着，足心在左膝上边，离腿一二寸许不停，即速往右边斜角摆去。落地两足之距离，随乎人之高矮。两手于右腿抬时，同时如单鞭式，横着分开。两眼望着前正面看去。身中之劲如前。此拳内勿论如何形式，皆不外乎头顶、足蹬、腹松、塌腰，并两肩、两腿里根松缩之理，身体力行，是在学者。旧式两手分时，又右腿往外摆时，左手拍右脚面一掌，今不拍，因无大关系，然拍否仍听学者自便可也(图49)。

图49 十字摆莲

第八十六章　进步指裆捶学

先将两眼望着前边低处，如同有一物看去。随即将两手往前伸着，往一处并去，将左手扣于右手腕上，右手卷上拳，右拳如同指着两眼所看之物之意。再将左足于两手合并时，同时往前迈去，次迈右足，或两步，或四步均可，勿拘。总要右足迈在前为止。

右足落地时，随后左足即速跟步，左足尖落在右足当中，足尖着地，两足相离寸许，身体三折形式，小腹放在大腿根上，两腿弯屈着，腰塌住劲，身子有往前扑的形式。手仍扣着右手腕，右拳极力往前伸去。如同指物一般，两足往前所迈之步，大小随人之高矮，不可大，亦不可小，总要不移动重心为妙。两足往前迈时，身体之形式，如同一鸟在树上，束着翅斜着往地下，看着一物飞去之意。两足行走时，腹内之神气，及各处之劲，均如前，式微停。停住之形式，如图是也(图50)。

图50 进步指裆捶

第八十七章 退步懒扎衣学

先将左足极力往后撤，右足尖欠起。两手于左足撤时，同时往回来，随即再往前推出去。左足再于两手推出时，同时跟步。两手往回来及推出去，并跟步，一切之形式，均与第三章懒扎衣第五节式相同(见第三章"懒扎衣学"第五节。图7)。

第八十八章　开手学

见第四章"开手学"。图8。

第八十九章　合手学

见第五章"合手学"。图9。

第九十章　单鞭学

见第六章"单鞭学"。图10。

第九十一章　单鞭下势学

先将右手腕往外撑住劲，手心朝下着，往右胯处来，左手心亦朝下着，与右手同时往下落，胳膊仍直着。身子与两手同时往下矬去。一切之形式，并神气鼓荡之情意，均与第七十章下势相同（见第七十章"云手下势学"。图46）。

第九十二章　上步七星学

先将右手从右胯处如划下弧线，往左手腕下边出去，左手于右手到下边手腕时，同时两手收进怀里。离心口三四寸许，两手上下相交，如十字形式，两手指俱朝上着，两手心亦朝外着。右足于右手往前去时，同时迈在左足处，右足里胫骨与左足后根挨否，勿拘。两腿要弯屈着，身子直着，腰塌住劲，停住之形式，如图是也（图51）。

图51 上步七星

第九十三章　下步跨虎学

先将两手皆往下搂，左手搂在左胯处，右手搂在右胯处，不停。右足于两手往下搂时，同时极力往后撤，落地半八字形式。随后右手心朝里着，即速从右胯处往上起至眼前边。再从眼前，手心朝下着，如按气球相似往下按去。左足于右手往下按时，同时往后来，足尖着地，足后跟离右足寸许。右手往下按时，身子同时往下屈腿塌腰。再右手心仍朝下着，即速往上起，起时如同按着大气球，往上鼓起之意。左腿于右手起时，同时极力往上抬起，足尖仰着，身子与手足亦同时往上起，全身亦如同按着气球，往上起之意，式微停(图52)。

第九十四章　转角摆莲学

先将左足极力扣着，往右足尖前边落去。左手于左足落时，同时往右手处来，左手心扣在右手背上，两手离心口一二寸许。右足于左足落时，同时足后根欠起，足尖着地，足后根往里扭，身子同时亦极力往右转。再先将左足极力往里扭扣，随即右腿抬起，极力往右边摆去。左足再于右腿摆时，同时足掌极力往里扭。两手于右足往外摆时，同时用两手拍右脚面，拍时先用左手，次用右手，要用两下拍，响发连声，不要间断。身子是整右转一匝。式不停(图53)。

图52　下步跨虎　　　图53　转角摆莲

第九十五章　弯弓射虎学

先将右足往右边斜角摆着往下迈去，落地两足斜顺着。两腿之形式，右膝往前弓着点，似屈非屈，似直非直。两手心相对，如同抱着四五寸高之皮球，一气着于右足落时，同时往下又往左边，如转一圆圈。转至上边，与脖项相平。两手心皆朝下着，往左斜角伸去，左手在前，右手在后错综着，仍与脖项相平。两胳膊似屈非屈，似直非直。两眼望着两手中间前边看去。此形式之劲，各处要平均，不要有一处专用力，心内虚空，气往下沉，式微停（图54）。

图54 弯弓射虎

第九十六章　双撞捶学

先将左足极力往前直着迈去，足后根落地。再将两手轻轻卷上拳，手背朝上着，于左足往前迈时，同时用意拉回胸前一二寸许,两手相离二三寸许。随后两拳手背仍朝上着，如前边有一物，即速往前直着撞去。两胳膊似屈非屈，似直非直。心口对着斜角，两眼望着两拳当中，直着看去。右足于两拳往前撞时，同时往前跟步，足尖落地半八字形，与左足后根相离一二寸许。左足于两拳往前撞时，满足着地。腰塌住劲，两腿皆弯屈着，身子要直着点，式微停(图55)。

图 55 双撞捶

第九十七章 阴阳混一学

先将左手腕往里裹，裹至手心朝上，似半月形，拳与脖项相平。右手在心口处一二寸许，胳膊肘靠着胁。再左足于左手往里裹时，同时往里扭直。再右足即速往后撤，撤至三四寸许，落地成半八字形式。再左拳往胸前来，右拳于左拳往胸前来时，同时往里裹着往前伸去，左拳在里边，右拳在外边，两手腕相离半寸许。此时两手心皆斜对着胸，式不停，即将左拳往右手腕下边，往外挽去。挽至右手外腕，左手里腕，与右手外腕相挨。腰再往下塌劲，两腿要弯屈。

两手外腕，于腰塌时，同时一齐外扭，两手腕与心口平。两手腕如十字形式，左手里腕，离心口三四寸许。左足于两手腕往外扭时，同时略往前迈点步，足后根着地。此时右足作为全体之重心，两腿仍弯屈着，两肩及两腿里根与腹内，均宜松开。头要虚灵顶住劲，舌顶上颚，谷道上提，意注丹田，将元阳收敛入于气海矣

图56 阴阳混一

（图56）。

第九十八章 无极还原学

将两手同时如划下弧线往下划去。左手至左胯处，右手至右胯处，两手心挨住两胯。左足于两手往下落时，同时撤至右足处，两足里根相挨，仍还于起点九十度之形式。身子于左足往回撤时，同时往上起直。此时全体不要用力，腹内心神意俱杳，无一毫之思想，空空洞洞，仍还于无极，所谓神行是也（见第一章无极图）。

◀下 编▶

第一章 太极拳打手用法

上卷诸式，以无极、太极、阴阳、五行操练，将神气收敛于内，混融而为一，是太极之体也。此卷以八势含五行诸法，动作流行，使神气宣布于外，化而为八，是太极之用也。有体无用，弊在无变化；有用无体，弊在无根本。所以体用兼该，乃得万全。以练体言，是知己工夫；以二人打手言，是知人工夫。练体日久纯熟，能以遍体虚灵，圆活无碍，神气混融而为一体。到此时，后天之精自化，先天之气自然生矣。即使年力就衰，如能去其人欲，时时练习，不独可以延年益寿，直可与太虚同体。先贤云："固灵根而静心，谓之修道。养灵根而动心，谓之武艺。"是此意也。以操手练用工纯，能以手足灵活，引进落空，四两拨千斤，神气散布而为十三式，至此时，血气之力自消，神妙之道自至矣。所以人之动静变化，诚伪虚实，机关未动，而我可预知，无论他人如何暗发心机，总不能逃我之妙用。妙用维何？即打手之著法，掤、捋、挤、按、采、挒、肘、靠八法也。总以掤、捋、挤、按四手，为打手根基正手。故先以掤、掤、捋、挤、按四手，常常练习，须向不丢不顶中求玄妙，于不即不离内讨消息。习之纯熟，手中便有分寸，量彼劲之大小，分厘不错，权彼势之长短，毫发无差，前进后退，处处恰合。以后采、挒、肘、靠四法，以及靠千万手法，皆由掤、捋、挤、按四法中之变化而出。至于因熟生巧，相机善变，非笔墨所能尽，此不过略言大概耳。

古人云："行远自迩。"所以先将四手浅近之打法，作个起点入门。亦不过使学者先得其打手之门径。若欲深求法中之奥妙，仍宜访求明师，用手引领，得其当然之路（深通此技者盖不乏人矣）。终朝每日常常打手，不数月，可以得其引进落空、四两拨千斤之要道。得其要道，可以与形意拳、八卦掌，并行不悖矣。并行不悖，合三家并用，能丢而不丢，顶而不顶矣。学者须细参悟之。

第二章　打手步法学

打手之步法有四：有静步，即站步也。有动步，即活步也。有合步，即对步也，即甲乙皆左皆右均是也。有顺步，甲右乙左、甲左乙右皆是也。初学打手，先以静步为根，以后手法习熟，再打动步为宜。合步、顺步，静动皆可用，勿拘。若打熟之后，动静合顺之步，随时所变，并起点之手法，左右随便所出，左右之式，亦随便所换，均无可无不可矣。古人云："头头是道,面面皆真。"此之谓也。

第三章　打手起点学

甲乙二人对面合步打手:甲上手、乙下手。甲乙二人皆站无极式(图57)。

第四章　甲打手起点学

甲先进左步直着,左手在前,手心对着胸。右手心扣在左胳膊下节中间。右手腕离心口四五寸许,如左单阴阳鱼形式(图58)。

图57　甲乙无极式图　　　图58　甲打手起点图

第五章　乙打手起点学

乙亦先进左步直着,左手在前,手心对着胸。右手心扣在左胳膊下节中间，右手腕离心口四五寸许，如右单阴阳鱼形式。(图59)。

第六章　甲乙打手合一学

甲乙二人将两形相合，正是两个阴阳鱼合一之太极图也。所以形式动之则分，静之则合是也。动静者亦即《易经》阴阳相摩，八卦相荡之理耳(图60)。

图59　乙打手起点图　　　图60　甲乙打手合一图

第七章　乙捋手学

甲先将右手望着乙之面伸去。乙即将右手望着甲之右腕轻轻扣住。再左手与右手同时从甲之右胳膊下边，绕至胳膊上边，亦轻轻扣在甲之右胳膊肘上边，两手一气着往右边斜角捋去。二人之形式，如太极初动，是为分也，学者看图则知之矣(图61)。

第八章　甲挤手学

甲即将右胳膊直着，手腕向里裹，裹至手心朝里。再即将左手与右手腕向里裹时，一气着往自己右胳膊下节中间挤去。两眼望着乙之眼看去。二人皆是用意，不要用拙劲，以后仿此(图62)。

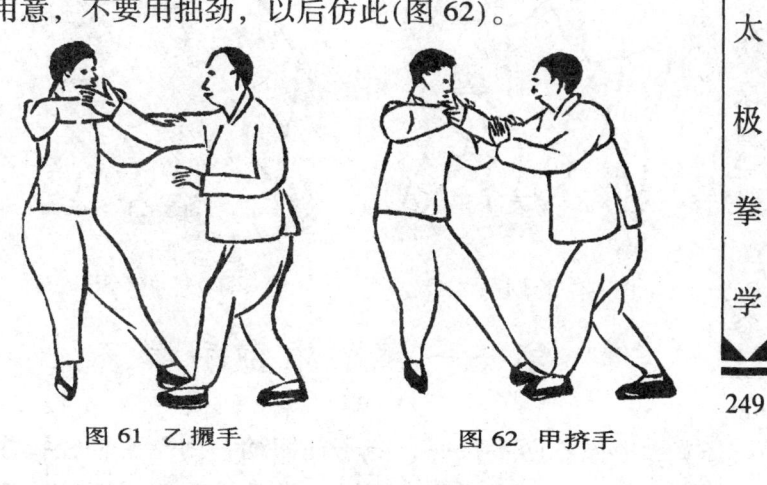

图61　乙捋手　　　　图62　甲挤手

第九章　乙掤手学

乙即将两手并身子，于甲挤时，同是不丢不顶着往回撤缩，将前足尖欠起，俟甲将身中之劲跌出，再按(图63)。

第十章　乙按手学

乙再即将两手一气着，往甲之左胳膊上按去。左手按在甲之左手背，右手按住甲之左胳膊肘上边，两手一气着往前按去。与形意拳"虎扑子"柔劲、扑法相同(图64)。

图63 乙掤手

图64 乙按手

第十一章　甲捋手学

甲俟乙两手按时，身子往回缩，用左手轻轻扣住乙之左手腕。右手与左手同时从乙之左胳膊下边绕至上边，亦轻轻扣在乙之左胳膊肘上边。两手亦一气着，往左边斜角捋去(图65)。

第十二章　乙挤手学

乙即将左胳膊直着，手腕向里裹。裹至手心朝里，再即将右手与左手腕向里裹时，同时一气着，往左胳膊下节中间挤去。两眼望着甲之眼看去(图66)。

图 65 甲搌手　　　　　图 66 乙挤手

第十三章　甲掤手学

甲即将两手并身子，于乙挤时，同时不丢顶着往后缩。将前足尖欠起，俟乙将身子之劲跌出，再按(图 67)。

第十四章　甲按手学

甲再即将两手往乙之右胳膊上按去，右手按住乙之右手背，左手按住乙之右胳膊肘上边，两手一气着，往前按去(图 68)。

第十五章　乙搌手学

乙再搌、掤，甲再挤、搌，仍按着前章之次序打

图 67 甲掤手　　　　　图 68 甲按手

去，循环不穷，周而复始，一气贯通。二人如同一个太极图形，动作相似，返来复去，不要有一毫之间断。休息要随便。

第十六章　二人打手换式法

再换右式打法，右式二人换为右足在前。打手俟乙撮时，甲不用挤手，速用自己之右手将乙之右手往回带，将左手亦即速绕在乙之右胳膊肘上边。两手如前左式撮法相同撮去。左足于右手往回带时，同时撤至右足后边，落下与左式步法相同。〇乙亦即速进右足用挤法，两手如左式挤法相同。以后甲再打撮法、按法，〇乙再打撮法，仍与左式循环无端之式相同。此亦是初学打手换式之法，俟熟习之后，亦可以左右式随便更换不拘矣。

第十七章 二人打手活步法

静步熟习后，练习合步、顺步，皆可随便。手法仍与前静步打法相同，惟是足往前进时，先进前足，往后退时，先退后足。步无论合步顺步、前进后退，皆是三步。足进退与身手法要相合。往前进步之人，是按、挤二式，往后退步之人，是掤、捋二式。往来返复，亦是循环无穷。此手法步法，亦不过初学入门之成式。将此式练习纯熟之后，手法、步法、进退往来，随时随便所发，亦不拘矣。

第十八章 附五字诀
（亦畬先生著附录于此）

心　静

心不静则不专一，举手前后左右全无定向，故要心静。起初举动，未能由己，要息心体认，随人所动，随曲就伸，不丢不顶，勿自伸缩。彼有力我亦有力，我力在先；彼无力我亦有力，我意仍在先。要刻刻留心，挨何处，心要用在何处，须向不丢不顶中讨消息。从此做去，日积月累，便能施之于身。此全是用意，不是用劲，久之则人为我制，我不为人制矣。

身　灵

身滞则进退不能自如，故要身灵。举手不可有呆像，彼之力方觉侵我皮毛，我之意已入彼骨里。两手支撑，一气贯穿，左重则左虚而右已去，右重则右虚而左已去。气如车轮，周身俱要相随，有不相随处，身便散乱，便不得力。其病在于腰腿求之。先以心使身，从人不从己，后使身能从心。由己仍从人。由己则滞，从人则活。能从人，手上便有分寸，量彼劲之大小，分厘不错。权彼来之长短，毫发无差。前进后退，处处恰合。工弥久而技弥精。

气　敛

气势散漫，便无含蓄，身易散乱。务使气敛入脊骨，呼吸通灵，周身罔间。吸为合为蓄，呼为开为发。盖吸则自然提得起，亦拿得人起；呼则自然沉得下，亦放得人出。此是以意运气，非以力运气也。

劲　整

一身之劲，练成一家，分清虚实。发劲要有根源，劲起脚跟主腰间，形于手指，发于脊背。又要提起全付精神，于彼劲将出未发之际，我劲已接入彼劲。恰好不后不先，如皮燃火，如泉涌出，前进后退，无丝毫散乱，曲中求直，蓄而后发，方能随手奏效。此谓借力打人,四两拨千斤也。

神聚

上四者俱备,总归神聚。神聚则一气鼓铸,练气归神,气势腾挪,精神贯注,开合有致,虚实清楚。左虚则右实,右虚则左实。虚非全然无力,气势要有腾挪。实非全然占煞,精神要贵贯注。紧要全在胸中腰间,运用不在外面。力从人借,气由脊发。胡能气由脊发?气向下沉,由两肩收于脊骨,注于腰间。此气之由上而下也谓之合,由腰形于脊骨,布于两膊,施于手指。此气之由下而上也谓之开。合便是收,开便是放。能懂得开合,便知阴阳。到此地位,工用一日,技精一日,渐至从心所欲,罔不如意也。

撒放密诀

擎引松放四字

擎开彼劲借彼力(中有灵字),引到身前劲始蓄(中有敛字),松开我劲勿使屈(中有劲字),放时腰脚认端的(中有整字)。

走架打手行工要言

昔人云:"能引进落空,便能四两拨千斤,不能引进落空,便不能四两拨千斤。"语甚概括,初学未能领悟,(予)加数语以解之。俾有志斯技者,得所从入，庶日进有功矣。欲要引进落空、四两拨千斤，先要知己知彼。欲要知己知彼，先要舍己从人。欲要舍己从人，先要得机得势。欲要得机得势，先要周身一家。欲要周身一家，先要周身无有缺陷。欲要周身无有缺陷，先要神气鼓荡。欲要神气鼓荡，先要提起精神。欲要提起精神，先要神不外散。欲要神不外散，先要神气收敛入骨。欲要神气收敛入骨，先要两股前节有力。两肩松开，气向下沉，劲起于脚根，变换在腿，含蓄在胸，运动在两肩，主宰在腰。上于两膊相系，下于两腿相随。劲由内换，收便是合，放即是开。静则俱静，静是合，合中寓开。动则俱动，动是开，开中寓合。触之则旋转自如，无不得力，才能引进落空、四两拨千斤。平日走架是知己功夫，一动势先问自己周身合上数项否，少有不合，即速改换，走架所以要慢，不要快。打手是知人功夫，动静固是知人，仍是问己。自己安排得好，人一挨我，我不动彼丝毫，趁势而入，接定彼劲，彼自跌出。如自己有不得力处，便是双重未化，要于阴阳开合求之。所谓知己知彼，百战百胜也。

附：

孙式太极拳的特点和要求

孙剑云

先父禄堂公以毕生精力钻研形意、八卦、太极等拳术，融会贯通，冶三家于一炉，独创了卓然自成一家的孙式太极拳。

(一)

孙式太极拳的特点是迈步必跟，退步必撤，每左右转身均以开合相接。势如行云流水，绵绵不断。

练习太极拳讲究外修其身，内养其心，动中求静。它一是理气机，增强肺脏功能；二是通百脉，增强肝脏功能。先父禄堂公常讲："人身养命之宝，是气和血。理气之机为肺，理血之机为肝，气为先天，血为后天。故气在前，血在后，血无气不行。"俗言"百病生于气"，就是这个道理。

练太极拳时有三个阶段，三层意思。第一阶段，初层意思：练拳时好像整个身子沉入河水之中，两足犹如陷入淤泥里，两手及躯体的动作都像遇到水的阻力一般。第二阶段，二层意思：总的感觉仍如第一阶段，只是两足似已不在淤泥里，能够浮起，如善泅者，能浮游自如了。第三阶段，三层意思：好像整个躯体已钻出水面，身体感到格外轻灵，两足好像在水面行走，只要心中稍一散乱，即恐下沉的意思。到此种程度，说明已练至一定功夫了。

孙式太极拳无跳跃动作，在习练中要求中正平稳，舒展柔和。从起式到收式的各种姿势，各种动作，均相互连贯，一气呵成。使得全身内外平均发展，故有一动无不动、一静无不静之说。所谓中正，既为不前俯后仰，又不左偏右倚，躯干、手足、上下呼应，内外一体。先父训："练拳时要从其规矩，顺其自然，外不乖于形式，内不悖于神气；外面形式之顺，内中神气之和；外面形式之正，即内中意气之中。故见其外，知其内；诚于中，形于外。即内外合而为一。

头为诸阳之会，精髓之海，督、任两脉交会之点，统领一身之气。此处不合则一身之气俱失，故须不偏不倚、不俯不仰，顶头竖项。足能载一身之重，静如山岳，有盘石之稳。动如舟楫、车轮，无倾覆之患。左虚右实，左实右虚。不实则不稳，全实则移动不利，易倾倒。不虚则不灵，全虚则轻浮不稳。故虚实相间，方得灵活自然。腰为轴心，居一身之中。维持人体重心的是腰，带动四肢活动的也是腰，所以要刻刻留意在腰际。

先父教授拳术，要求非常严格。他要求研练者必须严守"九要"规矩。一要塌(塌腰、塌腕)；二是提(提肛，决非用意识去提)；三要扣(扣肩、扣膝)；四要顶(舌顶上颚、顶头);五要裹(裹膝、裹胯、裹肘);六要松(松肩、松胯);七要垂(垂肩、垂肘);八要缩(缩肩、缩胯);九要起钻落翻分明(头顶而钻、头缩而翻;手起而钻、手落而翻;脚起而钻、脚落而翻)。

(二)

练习太极拳要心静调息,即保持思想集中,呼吸正常。呼吸要细而深长,直贯丹田。调息的方法是:呼吸时不着意,不用力,绵绵若存,似有似无,一任自然。要舌顶上颚,用鼻呼吸嘴虚合不张开。

练拳时:要正面立起,身子直立;两手下垂;头要顶,项要竖;两肩松开,腰要塌劲,胯要缩,把重心移到两足后跟;两足尖不扣,两足跟不扭;身子如平地立竿;两目平视,将神定住,内无所视,外无所观,胸中空空洞洞,腹内至虚至无。首先做到静,然后转太极式。再后塌腰屈腿(腿不要有死弯子),各式均在此基础上按拳的"四正、四隅"做前进后退、左顾右盼、中定等动作。俾与内脏器官配合,起着平均发展,使其有外长一寸,内长一寸,一动互动等作用,以求达到心机通畅,心息相依。亦即动中求静,久之则精气充沛,祛病延年。

(三)

学练太级拳有一定的套路功夫后,对练也就有了较好的基础。

套路练习为单练是知己功夫，对练即推手，是知彼功夫。对练必须有套路功夫，才能施之于用。推手不可执着成法，要集中思想，掌握自己的重心，窥定对方的身手，或粘或走，或刚或柔。伸缩往来，上下相随。灵活运用，切忌呆滞，更不要努气、用拙力。要不丢不顶，不即不离，沾连粘随。日久即可运用自如。知己知彼，即有分寸矣。

先父禄堂公一生传授武术极重武德。故其所授莫不从修养两字出发，在讲武之暇训诲学生："练拳宜自己下工夫，不要在人前卖弄精神。品论他人技艺长短，务以德行为先，要恭敬谦逊，以涵养为本。"我亦以此作座右铭。

拳意述真

拳意述真序

孙禄堂先生以形意、八卦、太极拳术教授后学，恐久而失其真也，作摹拳意述真，述先辈传授之精意而加以发挥。竣稿后，命余序之。三家之术其意本一。大抵务胜人。尚气力者，源失之浊。不求胜于人，神行机圆而人亦莫能胜之者，其源则清，清则技与道合。先生是书皆合乎道之言也。先生学形意，拜李奎垣先生之门。李之师为郭先生云深，而先生实学于郭，从之最久。幼弃其业，随之往来各省，郭先生骑而驰，先生手揽马尾，步追其后，奔逸绝尘，日尝行百余里。至京师，闻程先生廷华精八卦拳术，董海川先生之徒也，访焉，又绝受其术。程先生赞先生敏捷过于人，人亦乐授之。蚤从郭，暮依程，如是精练者数年，游行郡邑，闻有艺者，必造访，或不服与较，而先生未尝负之。故郭、程二先生赞曰："此子真能不辱其师。"先生年五十余，有郝先生为桢者，自广平来，郝善太极拳术，又从问其意，郝先生曰："异哉，吾一言而子通悟，胜专习数十年者。"故先生融会三家而能得其精微，笔之于书，表章先辈，开示后学，明内家道艺无二之旨。动静交修之法，其理深矣，其说俱备于书，阅者自知之。余因略述先生得道之由，以见先生是书，乃苦功经历所得者，非空言也。

民国十二年(1923年)岁次癸亥仲冬靳水陈曾则序。

拳意述真自序

夫道者，阴阳之根，万物之体也。其道未发，悬于太虚之内；其道已发，流行于万物之中。夫道一而已矣，在天曰命，在人曰性，在物曰理，在拳术曰内劲。所以内家拳术有形意、八卦、太极三派，形式不同，其极还虚之道则一也。易曰："一阴一阳之谓道"，若偏阴偏阳皆谓之病。夫人之一生饮食之不调，气血之不和，精神之不振，皆阴阳不和之故也。故古人创内家拳术，使人潜心玩味，以思其理，身体力行，以合其道，则能复其本来之性体。然吾国拳术，门派颇多，形式不一，运用亦异，毕生不能穷其数，历世不能尽其法。余自幼年好习拳术，性与形意、八卦、太极三派之拳术相近，研究五十余年，得其概要，曾著形意、八卦、太极拳学，已刊行世。今又以昔年所闻先辈之言，述之于书，俾学者得知其真意焉。三派拳术形式不同，其理则同。用法不一，其制人之中心，而取胜于人者则一也。按一派拳术之中，诸位先生之言论形式，亦有不同者，盖其运用，或有异耳。三派拳术之道，始于一理，中分为三派，末复合一理。其一理者，三派亦各有所得也，形意拳之诚一也，八卦拳之万法归一也，太极拳之抱元守一也。古人云："天得一以清，地得一以宁，人得一以灵，得其一而万事毕也。"三派之理，皆是以虚无而始，以虚无而终。所以三派诸位先生所练拳术之道，能与儒释道三家诚中、虚中、空中之妙理，合而为一者也。余深恐诸位先生之苦心精诣，久而淹没，故述之以公同好。惟自愧学术谫陋无文，或未能发挥诸位先生之妙旨，望诸同志随时增补之，以发明其道可也。

民国十二年（1923年）岁次癸亥直隶完县孙福全序

禄堂先生即著形意、八卦、太极三书行世，嘉惠后学，厥功匪浅，然独惧不知者以拳术为御侮之具，仅凭血气之勇也，于是有拳意述真之作，凡拳中之奥义阐发无遗，平日所闻之诸先生辈者一一笔之于书，使好拳术者由此而进于道焉。俾武术之真义不致淹没，此先生之苦心也。其以述真名者，盖本述而不作之意，于此益见先生之谦德已。

民国十二年（1923年）岁次癸亥冬月吴心谷拜读并识。

拳意述真目次

第一章　形意拳家小传……………………(271)
　　第一节　李洛能先生………………………(271)
　　第二节　郭云深先生………………………(272)
　　第三节　刘奇兰先生………………………(273)
　　第四节　宋世荣先生………………………(273)
　　第五节　车毅斋先生………………………(274)
　　第六节　张树德先生………………………(275)
　　第七节　刘晓兰先生………………………(275)
　　第八节　李镜斋先生………………………(275)
　　第九节　李存义先生………………………(276)
　　第十节　田静杰先生………………………(276)
　　第十一节　李奎垣先生……………………(276)
　　第十二节　耿诚信先生……………………(277)
　　第十三节　周明泰先生……………………(277)
　　第十四节　许占鳌先生……………………(277)

第二章　八卦拳家小传……………………(278)
　　第一节　董海川先生………………………(278)
　　第二节　程廷华先生………………………(279)

第三章　太极拳家小传……………………(279)
　　第一节　杨露禅先生………………………(279)

第二节　武禹襄先生……………………(280)

第三节　郝为桢先生……………………(280)

第四章　形意拳……………………………(281)

第一节　述郭云深先生言………………(281)

第二节　述白西园先生言………………(298)

第三节　述刘奇兰先生言………………(300)

第四节　述宋世荣先生言………………(301)

第五节　述车毅斋先生言………………(304)

第六节　述张树德先生言………………(306)

第七节　述刘晓兰先生言………………(307)

第八节　述李镜斋先生言………………(308)

第九节　述李存义先生言………………(309)

第十节　述田静杰先生言………………(311)

第十一节　述李奎垣先生言……………(312)

第十二节　述耿诚信先生言……………(316)

第十三节　述周明泰先生言……………(317)

第十四节　述许占鳌先生言……………(318)

第五章　八卦拳……………………………(321)

述程廷华先生言…………………………(321)

第六章　太极拳……………………………(322)

第一节　述郝为桢先生言………………(322)

第二节　述陈秀峰先生言………………(323)

第七章　形意拳谱摘要……………………(324)

第八章　练拳经验及三派之精义…………(327)

第一章　形意拳家小传

第一节　李洛能先生

　　李先生讳飞羽，字能然，世称老能先生，或曰洛能、洛农、老农、皆一音之转也。直隶深县人。经商山西太谷，喜拳术。闻县境有戴龙邦先生者，善形意拳，往访焉。觌面一见，言谈举止，均甚文雅，不似长武术者，心异之，辞去。他日倩人介绍，拜为门下。时先生三十七岁也。自受教后，昼夜练习。二年之久，所学者仅五行拳之一行，即劈拳，并半趟连环拳耳。虽所学无多，而心中并不请益，诚心习练，日不间断。是年龙邦先生之母八十寿诞，先生前往拜祝。所至之宾客，非亲友即龙邦先生之门生。拜寿之后，会武术者，皆在寿堂练习，各尽其所学焉，先生只练拳趟半。龙邦先生之母，性喜拳术，凡形意拳之道理并形式，无所不晓，遂问先生为何连环拳只练半趟，先生答曰"仅学此耳。"当命龙邦先生曰："此人学有二年之久，所教者甚少，看来倒是忠诚朴实，可以将此道理，用心教授之。"龙邦先生本是孝子，又受老母面谕，乃尽其所得乎心者，而授之先生。先生精心练习，至四十七岁，学乃大成。于形意拳之道理，无微不至矣。每与人相较，无不随心所欲，手到功成，当时名望甚著，北数省人皆知之。教授门生郭云深、刘奇兰、白西园、李太和、车毅斋、宗世荣诸先生等。于是先生名声愈著，道理愈深。本境有某甲，武进士也，体力逾常人，兼善拳术，与先生素相善，而于先生之武术，则窃有不服，每蓄意相较，辄以相善之故，难于启齿。一日会谈一室，言笑一如平常，初，不料某甲之蓄意相试，毫无防备之意，而某甲于先生行动时，乘其不意，窃于身后即捉住先生，用力举起，及一伸手而身体已腾空斜上，头颅触入顶棚之内，复行落下，两足仍直立于地，未尝倾跌。以邪术疑先生，先生告之曰："是非邪术也，盖拳术上乘神化之功，有不见不闻之知觉，故神妙若此，非汝之所知也。"时人遂称先生曰："神拳李能然。"年八十余岁，端坐椅上，一笑而逝。

第二节　郭云深先生

郭先生讳峪生、字云深，直隶深县马庄人。幼年好习拳术，习之数年，无所得。后遇李能然先生，谈及形意拳术，形式极简单，而道理则深奥，先生甚爱慕之。能然先生，视先生有真诚之心，遂收为门下，口传手授。先生得传之后，心思会悟，身体力行，朝夕习练数十年。能然先生传授手法，二人对手之时，倏忽之间，身已跌出二丈余，并不觉有所痛苦，只觉轻轻一划，遂飘然而去。先生既受能然先生。所教拳术三层之道理，以至于体用规矩法术之奥妙，并剑术刀枪之精巧，无所不至其极。常游各省，与南北二派同道之人交接甚广，阅历颇多，亦尝戏试其技，令有力壮者五人，各持木棍之一端，顶于先生腹，五人将足立稳，将力使足，先生一鼓腹，而五壮年人一齐腾身而起，跌坐于丈余之外。又练虎形拳，身体一跃至三丈外。先生所练之道理，腹极实而心极虚，形式神气沉重如泰山，而身体动作轻灵如飞鸟，所以先生遇有不测之事，只要耳闻目见无论何物，来的如何勇猛速快，随时身体皆能避之。先生熟读兵书，复善奇门，著有解说形意拳经，详细明畅。赐予收藏，后竟被人窃去，不知今藏何所，未能付梓流传，致先生启迪后学之心，淹没不彰，惜哉！先生怀抱绝技奇才，未遇其时，仅于北数省教授多人，后隐于乡间，至七十余岁而终。

第三节　刘奇兰先生

刘先生，字奇兰，直隶深县人。喜拳术，拜李能然先生为师，学习形意拳术。先生隐居田庐，教授门徒，联络各派，无门户之见，有初见先生，数言即拜服为弟子者。先生至七十余岁而终。弟子中以李存义、耿诚信、周明泰三先生艺术为最。其子殿臣，著形意拳抉微，发明先生之道。

第四节　宋世荣先生

宋世荣先生，宛平人。喜昆曲、围棋，性又好拳术。在山西太谷开设钟表铺，闻李能然先生拳术高超，名冠当时，托人引见拜为门下。自受教后，昼夜勤苦习练，迄不间断，所学五行拳及十二形，无不各尽其妙。练习十二形中蛇形之时，能尽蛇之性能，回身向左转时，右手能摄住右足跟，及向右转时，左手能摄住左足跟，回身停式，身形宛如蛇盘一团，开步走趟，身形委曲弯转又如蛇之拨草蜿蜒而行也。练燕形之时，身子挨着地，能在板凳下边一掠而过，出去一丈余远，此式之名，即叫燕子抄水。又练狸猫上树（此系拳中一着之名目），身子往上一跃，手足平贴于墙，能粘一二分钟时。当时同门同道及门外之人，见者固极多，现时曾亲睹先生所练各式之技能者，亦复甚伙。盖先生格物之功甚深，能各尽其性，故其传神也。若此昔伶人某，与先生相识，云在归化城时，亲见先生与一练技者比较，二人相离丈余，练技者挺身一纵，甫一出手，其身已如箭之速，跌出两丈有余，而先生则毫无动转，只见两手于练技者之身一划耳。余二十余岁时，住于北京小席儿胡同白西园先生处，伶人某与白先生对门居。闻其向白先生言如此。民国十二年一月间，同门人某往太谷拜见先生，先生时年八十余岁矣，精神健壮，身体灵动一如当年。归后告于予曰："先生谈及拳术时，仍复眉飞色舞，口言其理，身比其形，殊忘其身为耄耋翁。且叹后进健者之不如焉。"

第五节　车毅斋先生

车先生，永宏，字毅斋，山西太谷县人。家中小康，师李能然先生学习拳术。先生自得道后，视富贵如浮云，隐居田间，教授门徒甚多，能发明其道者，山西祁县乔锦堂先生为最。先生乐道，始终如一，至八十余岁而终。

第六节　张树德先生

张先生，字树德，直隶祁州人。幼年好习武术，拜李能然为师，练拳并剑刀枪各术，合为一气，以拳为剑，以剑为拳，所用之枪法极善。有来访先生比较枪法者，皆为先生所败，先生隐居田间，教门徒颇多，门徒承先生之技术者，亦不乏人，先生至八十余岁而终。

第七节　刘晓兰先生

刘先生，字晓兰，直隶河间县人。为贾于易州西陵，性喜拳术，幼年练八极拳，功夫极纯，后又拜李能然先生为师，研究形意拳术。教授门徒直隶省最多，老来精神益壮，八十余岁而终。

第八节　李镜斋先生

李先生，字镜斋，直隶新安县人。以孝廉历任教授，性好拳术。年六十三拜李能然先生为师。与郭云深先生相处最久。研究拳术，练至七十余岁，颇得拳术奥理，动作轻灵，仍如当年先生云，至此方知拳术与儒学之道理，并行不悖，合而为一者也。李先生寿至八十而终。

第九节　李存义先生

　　李先生，名存义，字忠元，直隶深县人。轻财好义，性喜拳术。幼年练习长短拳，后拜刘奇兰先生之门，学形意拳术习练数十年。为人保镖，往来各省，途中遇盗贼，手持单刀对敌，贼不敢进，或闻先生之名，义气过人，避道者。故人以"单刀李"称之。民国元年（1912年）在天津创办武士会，教授门徒，诲人不倦，七十余岁而终。

第十节　田静杰先生

　　田先生，字静傑，直隶饶阳县人。性好拳术，拜刘奇兰先生为师。先生保镖护院多年，生平所遇奇事甚多，惜余不能记忆，故未能述之。先生七十余岁，在田间朝夕运动，以乐晚年。

第十一节　李奎垣先生

　　李先生，讳殿英，字奎垣，直隶涞水县山后店上村人。幼年读书，善小楷，性喜拳术，从易州许某学弹腿、八极等拳，功夫极纯熟，力量亦颇大。先生在壮年之时，保镖护院，颇有名望，每好与人较技，时常胜人。后遇郭云深先生，与之比较，先生善用腿，先生之脚方抬起，见云深先生用手一划，先生身后有一板凳，先生之身体从板凳越过去两丈余远，倒于地下矣。先生起而谢罪，遂拜为门下，侍奉云深先生如父子然。后蒙云深先生教授数年，昼夜习练，将所受之道理，表里精微，无所不至其极矣，余从先生受教时，先生之技术未甚精妙，先生自得道后，常为书记，不轻言拳术矣。余遂侍从郭云深先生受教，先生虽不与人轻言拳术，而仍练拳不懈，他人所不知也。先生至七十余岁而终。

第十二节　耿诚信先生

耿先生，名继善，字诚信，直隶深县人。喜拳术，拜刘奇兰先生为师，学习形意拳，隐居田间，以道为乐，传授门徒多人，七十余岁，身体轻灵健壮仍如当年。

第十三节　周明泰先生

周先生，字明泰，直隶饶阳县人。幼年在刘奇兰先生家为书童，喜拳术，遂拜奇兰先生为师，练习数载，保镖多年，直隶郑州一带门徒颇多，六十余岁而终。

第十四节　许占鳌先生

许先生，名占鳌，字鹏程，直隶定县人。家中小康，幼年读书，善八法，性喜拳术，专聘教习，练习长拳、刀枪剑术，身体轻灵似飞鸟，知者皆以赛毛称之。后又拜郭云深先生为师，学习形意拳，传授门徒颇多，六十余岁而终。

第二章 八卦拳家小传

第一节 董海川先生

董海川先生，顺天(今河北省)文安县朱家坞人。喜习武术。尝涉江皖间，遇异人传授。居三年，拳术、剑术及各器械无不造其极，归后入睿王府当差。人多知其有奇技异能，投为门下受教者络绎不绝。所教拳术称为八卦，其式形皆是河图、洛书之数，其道体俱是先天后天之理，其用法乃八八六十四卦之变化而无穷。一部易理，先生方寸之间，体之无遗。是以先生行止坐卧，动作之际，其变化之神妙，非常人所能测也。居尝跏趺静坐，值夏日大雨，墙忽倾倒，时先生跌坐于炕，贴近此墙。先生并未开目，弟子在侧者见墙倒之时，急注视先生，忽不见而先生已跌坐于他处之椅上，身上未着点尘。先生又尝昼寝，时值深秋，弟子以被覆之，轻轻覆于先生身，不意被覆于床，存者仅床与被，而先生不见矣，惊而返顾，则先生端坐于临窗之一椅，谓其人曰："何不言耶，使我一惊。"盖先生之灵机至是，已臻不见不闻，即可知觉之境，故临不测之险，其变化之神妙有如此者。《中庸》云："至诚之道，可以前知。"即此义也，年八十余岁端坐而逝。弟子尹福、程廷华等，葬于东直门外榛椒树东北红桥大道旁。诸门弟子建碑，以志其行焉。

第二节　程廷华先生

程廷华先生，直隶深县人。居北京花市大街四条，以眼镜为业。性喜武术，未得门径。后经人介绍拜董海川先生为师，所学之拳，名为游身八卦连环掌。自受传后，习练数年，得其精微，名声大振，人称之为眼镜程，无人不知之也，同道之人，来比较者甚多，无不败于先生之手者，因此招人之忌。一日晚，先生由前门返铺中，行至芦草园。正走时，忽闻后有脚步声甚急。先生方一回头，见尾随之人手使砍刀一把，光闪耀目，正望着先生之头劈下。先生随即将身往下一缩，倏忽越出七八尺，其刀落空。旋即回身，夺其刀以足踢倒于地，以刀掷之，曰："朋友，回家重用功夫，再来可也。"不问彼之姓名，徜徉而去。当时有数人亲眼见之。在京教授门徒颇多。其子海亭，亦足以发明先生技术之精奥者矣。

第三章　太极拳家小传

第一节　杨露禅先生

杨先生，字露禅，直隶广平府人。喜拳术，得河南怀庆府陈家沟子之指授，遂以太极名于京师。来京教授弟子，故京师之太极拳术，皆先生所传也。

第二节　武禹襄先生

武先生，字禹襄，直隶广平府人。往河南怀庆府赵堡镇陈清平先生处学习太极拳术，研究数十年，遇敌制胜，事迹最多，郝为桢先生言之不详，故未能述之。

第三节　郝为桢先生

郝先生，讳和，字为桢，直隶广平永年县人。受太极拳术于亦畲先生。昔年访友来北京，经友人介绍，与先生相识。见先生身体魁伟，容貌温和，言皆中理，身体动止和顺自然，余与先生遂相投契。未几，先生患痢疾甚剧，因初次来京不久，朋友甚少，所识者惟同乡杨健侯先生耳。余遂为先生请医服药，朝夕服侍，月余而愈。先生呼余曰："吾二人本无至交，萍水相逢，如此相待实无可报。"余曰："此事先生不必在心。俗云：四海之内皆朋友，况同道乎。"先生云："我实心感，欲将我平生所学之拳术传与君，愿否？"余曰："恐求之不得耳。"故请先生至家中，余朝夕受先生教授，数月得其大概。后先生返里，在本县教授门徒颇多。先生寿七十有余而终。其子月如能传先生之术。门徒中精先生之武术者亦不少矣。

第四章 形意拳

第一节 述郭云深先生言

第一则

郭云深先生云:"形意拳术有三层道理,有三步功夫,有三种练法。

三层道理:

(一)练精化气;(二)练气化神;(三)练神还虚(练之以变化人之气质,复其本然之真也)。

三步功夫:

(一)易骨。练之以筑其基,以壮其体,骨体坚如铁石,而形式气质,威严状似泰山。

(二)易筋。练之以腾其膜,以长其筋(俗云筋长力大),其劲纵横联络,生长而无穷也。

(三)洗髓。练之以清虚其内,以轻松其体,内中清虚之象。神气运用圆活无滞,身体动转其轻如羽(拳经云:三回九转是一式。即此意也)。

三种练法:

(一)明劲。练之总以规矩不可易,身体动转要和顺而不可乖戾,手足起落要整齐而不可散乱。拳经云:方者以正其中。即此意也。

(二)暗劲。练之神气要舒展而不可拘,运用圆通活泼而不可滞。拳经云：圆者以应其外。即此意也。

（三）化劲。练之周身四肢动转，起落进退，皆不可着力，专以神意运用之，虽是神意运用，惟形式规矩仍如前两种不可改移。虽然周身动转不着力，亦不能全不着力，总在神意之贯通耳。拳经云：三回九转是一式。亦此意也。

一、明　劲

明劲者，即拳之刚劲也。易骨者，即炼精化气易骨之道也。因人身中先天之气与后天之气不合，体质不坚，故发明其道。大凡人之初，生性无不善，体无不健，根无不固，纯是先天。以后知识一开，灵窍一闭，先后不合，阴阳不交，皆是后天血气用事。故血气盛行，正气衰弱，以致身体筋骨不能健壮。故昔达摩大师传下易筋洗髓二经，习之以强壮人之身体，还其人之初生本来面目。后宋岳武穆王扩充二经之义，作为三经，易骨、易筋、洗髓也。将三经又制成拳术，发明此经道理之用。拳经云：静为本体，动为作用，与古之五禽、八段练法有体而无用者不同矣。因拳术有无穷之妙用，故先有易骨、易筋、洗髓，阴阳混成，刚柔悉化，无声无臭，虚空灵通之全体，所以有其虚空灵通之全体，方有神化不测之妙用。故因此拳是内外一气，动静一源，体用一道，所以静为本体，动为作用也。因人为一小天地，无不与天地之理相合，惟是天地之阴阳变化皆有更易。人之一身既与天地道理相合，身体虚弱刚戾之气，岂不能易乎？故更易之道，弱者易之强，柔者易之刚，悖者易之和，所以三经者皆是变化人之气质，以复其初也。易骨者，是拳中之明劲，练精化气之道也。将人身中散乱之气，收纳于丹田之内，不偏不倚，和而不流，用九要之规模锻炼，练至于六阳纯全，刚健之至，即拳中上下相连，手足相顾，内外如一，至此，拳中明劲之功尽，易骨之劲全，练精化气之功亦毕矣。

二、暗 劲

暗劲者，拳中之柔劲（柔劲与软不同，软中无力，柔非无力也）。即练气化神易筋之道也。先练明劲而后练暗劲，即丹道小周天止火，再用大周天功夫之意。明劲停手即小周天之沐浴也，暗劲手足停而未停，即大周天四正之沐浴也。拳中所用之劲是将形、气、神（神即意也）合住，两手往后用力拉回（内中有缩力），其意如拔钢丝。两手前后用劲，左手往前推，右手往回拉，或右手往前推，左手往回拉，其意如撕丝棉。又如两手拉硬弓，要用力徐徐拉开之意，两手或右手往外翻横，左手往里裹劲，或左手往外翻横，右手往里裹劲，如同练鼍形之两手，或是练连环拳之包裹拳。拳经云："裹者如包裹之不露。"两手往前推劲，如同推有轮之重物，往前推不动之意，又依推动而不动之意。两足用力，前足落地时，足跟先着地，不可有声，然后再满足着地，所用之劲如同手往前、往下按物一般，后足用力蹬劲，如同迈大步过水沟之意。拳经云："脚打踩意不落空。"是前足，消息全凭后脚蹬，是后足，马有迹蹄之功，皆是言两足之意也。两足进退，明劲、暗劲两段之步法相同，惟是明劲则有声、暗劲则无声耳。

三、化　劲

化劲者，即练神还虚，亦谓之洗髓之功夫也。是将暗劲练到至柔至顺，谓之柔顺之极处、暗劲之终也。丹经云："阴阳混成，刚柔悉化，谓之丹熟。"柔劲之终，是化劲之始也。所以再加向上功夫，用练神还虚至形神俱杳，与道合真，以至于无声无臭，谓之脱丹矣。拳经谓之拳无拳，意无意，无意之中是真意。是谓之化劲练神还虚，洗髓之功毕矣。化劲者，与练划劲不同，明劲、暗劲亦皆有划劲。划劲是两手出入起落俱短，亦谓之短劲，如同手往着墙抓去，往下一划，手仍回在自己身上来，故谓之划劲。练化劲者，与前两步功夫之形式无异，所用之劲不同耳。拳经云："三回九转是一式"，是此意也。三回者，练精化气，练气化神，练神还虚，即明劲、暗劲、化劲是也。三回者，明、暗、化劲是一式。九转者，九转纯阳也，化至虚无而还于纯阳，是此理也。所练之时，将手足动作顺其前两步之形式，皆不要用力，并非顽空不用力，周身内外全用真意运用耳。手足动作所用之力有而若无，实而若虚，腹内之气，所用亦不着意,亦非不着意,意在积蓄虚灵之神耳。呼吸似有似无,与丹道功夫阳生至足,采取归炉,封固停息。沐浴之时,呼吸相同。因此似有而无皆是真息,是一神之妙用也。庄子云:真人之呼吸以踵,即是此意。非闭气也,用功练去不要间断,练到至虚,身无其身,心无其心,方是形神俱妙,与道合真之境。此时能与太虚同体矣。以后练虚合道,能至寂然不动,感而遂通,无人而不自得,无往而不得其道,无可无不可也。拳经云:"固灵根而动心者,武艺也。养灵根而静心者,修道也。"所以形意拳术,与丹道合而为一者也。

第二则

形意拳,起点三体式,两足要单重,不可双重。单重者,非一足着地,一足悬起,不过前足可虚可实,着重在于后足耳。以后练各形式亦有双重之式,虽然是双重之式,亦不离单重之重心,以至极高、极俯、极矮、极仰之形式,亦总不离三体式单重之中心,故三体式为万形之基础也。三体式单重者,得其中和之起点;动作灵活,形式一气,无有间断耳。双重三体式者,形式沉重,力气极大,惟是阴阳不分,乾坤不辨,奇偶不显,刚柔不判,虚实不分,内开外合不清,进退起落动作不灵活。所以形意拳三体式,不得其单重之中和,先后天亦不交,刚多柔少,失却中和,道理亦不明,变化亦不通,自被血气所拘,拙劲所捆，此皆是被三体式双重之所拘也。若得着单重三体式中和之道理，以后行之，无论单重、双重各形之式，无可无不可也。

第三则

形意拳术之道，练之极易，亦极难。易者，是拳术之形式至易至简而不繁乱，其拳术之始终、动作运用，皆人之所不虑而知，不学而能者也。周身动作运用，亦皆平常之理，惟人之未学时，手足动作运用无有规矩，而不能整齐。所教授者，不过将人之不虑而知、不学而能、平常所运用之形式入予规矩之中，四肢动作而不散乱者也。果练之有恒而不间断，可以至于至善矣。若到至善处，诸形之运用，无不合道矣。以他人观之，有一动一静、一言一默之运用，奥妙不测之神气，然而自己并不知其善于拳术也。因动作运用皆是平常之道理，无强人之所难，所以拳术练之极易也。《中庸》云："人莫不饮食也，鲜能知味也。"难者，是练者厌其拳之形式简单，而不良于观，以致半途而废者有之，或是练者恶其道理平常，而无有奇妙之法则，自己专好刚劲之气，身外又无奇异之形，故终身练之而不能得着形意拳术中和之道也。因此好高骛远，看理偏僻，所以拳术之道理，得之甚难。《中庸》云："道不远人，人之为道而远人。"即此意也。

第四则

形意拳术之道无他，神、气二者而已。丹道始终全仗呼吸，起初大小周天，以及还虚之功者，皆是呼吸之变化耳。拳术之道亦然，惟有锻炼形体与筋骨之功。丹道是静中求动，动极而复静也，拳术是动中求静，静恒而复动也。其初练之似异，以至还虚则同。形意拳经云："固灵根而动心者，敌将也，养灵根而静心者，修道也。"所以形意拳之道，即丹道之学也。丹道有三易，炼精化气、炼气化神、炼神还虚。拳术亦有三易：易骨、易筋、洗髓。三易即拳中明劲、暗劲、化劲也。练至拳无拳，意无意，无意之中是真意，亦与丹道炼虚合道相合也。丹道有最初还虚之功，以至虚极静笃之时，下元真阳发动，即速回光返照，凝神入气穴，息息归根，神气未交之时，存神用意，绵绵若存，念兹在兹，此武火之谓也。至神气已交，又当忘息，以致采取归炉、封固、停息、沐浴、起火、进退、升降、归根。俟动而复练，练至不动为限数足满止火，谓之坎离交妒，此为小周天以至大周天之功夫。无非自无而生有，由微而至著，由小而至大，由虚而积实，皆呼吸火候之变化。文武刚柔，随时消息，此皆是顺中用逆，逆中行顺，用其无过不及，中和之道也。此不过略言丹道之概耳。丹道与拳术并行不悖，故形意拳术非粗率之武艺。余恐后来练形意拳术之人，只用其后天血气之力，不知有先天真阳之气,故发明形意拳术之道,只此神、气二者而已。故此先言丹道之大概,后再论拳术之详情。

第五则

郭云深先生言,练形意拳术有三层之呼吸。

第一层练拳术之呼吸。将舌卷回,顶住上腭,口似开非开,似合非合,呼吸任其自然,不可着意于呼吸,因手足动作合于规矩,是为调息之法则,亦即练精化气之功夫也。

第二层练拳术之呼吸,口之开合、舌顶上腭等规则照前,惟呼吸与前一层不同。前者手足动作,是调息之法则,此是息调也。前者口鼻之呼吸不过借此以通内外也。此二层之呼吸,着意于丹田之内呼吸也,又名胎息,是为练气化神之理也。

第三层练拳术之呼吸与上两层之意又不同,前一层是明劲,有形于外;二层是暗劲,有形于内。此呼吸虽有而若无,勿忘勿助之意思,即是神化之妙用也。心中空空洞洞,不有不无,非有非无,是为无声无臭,还虚之道也。此三种呼吸为练拳术始终本末之次序,即一气贯通之理,自有而化无之道也。

第六则

人未练拳术之先,手足动作顺其后天自然之性,由壮而老以至于死。道家逆运先天,转乾坤,扭气机,以求长生之术。拳术亦然,起点,从平常之自然之道，逆转其机，由静而动，再由动而静，成为三体式。其姿势要前虚后实，不俯不仰，不左斜，不右歪，心中要虚空，至静无物，一毫之血气不能加于其内，要纯任自然虚灵之本体，由着本体而再萌动练去，是为拳中纯任自然之真劲，亦谓人之本性，又谓之丹道最初还虚之理，亦谓之明善复初之道。其三体式中之灵妙，非有真传不能知也，内中之意思，犹丹道之点玄关，《大学》之言明德。孟子所谓养浩然之气，又与河图中五之一点、太极先天之气相合也。其姿势之中，非身体两腿站均当中之中也。其中，是用规矩之法则，缩回身中散乱驰外之灵气，返归于内，正气复初，血气自然不加于其内，心中虚空，是之谓中，亦谓之道心，因此再动。丹书云："静则为性，动则为意，妙用则为神。"所以拳术再动，练去谓之先天之真意，则身体手足动作，即有形之物，谓之后天，以后天合着规矩法则，形容先天之真意。自最初还虚，以至末后还虚，循环无端之理，无声无臭之德，此皆名为形意拳之道也。其拳术最初积蓄之真意与气，以致满足，中立而不倚，和而不流，无形无相，此谓拳中之内劲也（内家拳术之名即此理也）。其拳中之内劲，最初练之，人不知其所以然之理，因其理最微妙，不能不详言之，免后学入于歧途，初学入门有三害九要之规矩。三害莫犯，九要不失其理（八卦拳学详之矣），手足动作合于规矩，不失三体式之本体，谓之调息。练时口要似开非开，似合非合，纯任自然，舌顶上腭，要鼻孔出气。平常不练时，以至方练完收势时，口要闭，不可开，要时时令鼻孔出气。说话、吃饭、喝茶时，可开口，除此之外，总要舌顶上腭，闭口，令鼻孔出气。谨要。至于睡卧时，亦是如此。练至手足相合，起落进退如一，谓之息调。手足动作要不合于规矩，上下不齐，进退步法错乱，牵动呼吸之气不匀，出气甚粗，以致胸间发闷，皆是起落进退、手足步法不合规矩之故也。此谓之息不调，因息不调，拳法、身体不能顺也。拳中之内劲，是将人之散乱于外之神气，用拳中之规矩，手足身体动作，顺中用逆缩回于丹田之内，与丹田之元气相交，自无而有，自微而著，自虚而实，皆是渐渐积蓄而成，此谓拳中之内劲也。丹书云："以凡人之呼吸，寻真人之呼处。"庄子云："真人呼吸以踵。"亦是此意也。拳术调呼吸从后天阴气所积，若致小腹坚硬如石，此乃后天之气勉强积蓄而有也。总要呼吸纯任自然，用真意之元神，引之于丹田，腹虽实而若虚，有而若无。老子云："绵绵若存。"又云："虚其心，而灵性不昧，振道心，正气常存。"亦此意也。此理即拳中内劲之意义也。

第七则

形意拳之用法有三层，有有形有相之用，有有名有相无迹之用，有有声有名无形之用，有无形无相无声无臭之用。拳经云："起如钢锉（起者去也），落如钩竿(落者回也)""未起如摘子,未落如坠子""起如箭,落如风,追风赶月不放松""起如风,落如箭,打倒还嫌慢""足打七分手打三,五行四梢要合全。气连心意随时用,硬打硬进无遮拦""打人如走路,看人如蒿草,胆上如风响,起落似箭钻""进步不胜,必有寒食之心"。此是初步明劲,有形有相之用也。到暗劲之时,用法更妙。起似伏龙登天,落如霹雷击地,起无形,落无踪,起落好似卷地风。起不起,何用再起,落不落,何用再落。低之中望为高,高之中望为低。打起落如水之翻浪,不翻不躜一寸为先。足打七分手打三,五行四梢要合全。气连心意随时用,打破身式无遮拦。此是二步暗劲形迹有无之用也。拳无拳,意无意,无意之中是真意。拳打三节不见形,如见形影不为能。随时而发,一言一默,一举一动,行止坐卧以致饮食茶水之间皆是用。或有人处,或无人处,无处不是用。所以无人而不自得,无往而不得其道,以致寂然不动,感而自通也。此皆是化劲神化之用也。然而所用之虚实奇正,亦不可专有意,用于奇正虚实。虚者,并非专用虚于彼。己手在彼手之上,用劲拉回,如落钩竿,谓之实。己手在彼手之下,亦用劲拉回,彼之手挨不着我之手,谓之虚。并非专有意于虚实,是在彼之形式感触耳。奇正之理亦然,奇无不正,正无不奇,奇中有正,正中有奇,奇正之变,如循环之无端,所用不穷也。拳经云:"拳去不空回,空回总不奇。"是此意也。

拳意述真

第八则

　　形意拳术，明劲是小学功夫。进退起落，左转右旋，形式有间断，故谓之小学。暗劲是大学之道，上下相连，手足相顾，内外如一，循环无端，形式无有间断，故谓之大学。此喻是发明其拳所以然之理也。《论语》云："一以贯之。"此拳亦是求一以贯之道也。阴阳混成，刚柔相合，内外如一，谓之化劲。用神化去，至于无声无臭之德也。孟子云："大而化之之谓圣，圣而不可知之之谓神。"丹书云："神形俱杳，乃与道合真之境。"拳经云："拳无拳，意无意，无意之中是真意。"如此者，不见而章，不动而变，无为而成，寂然不动，感而遂通也。老子云："得其一而万事毕。"人得其一谓之大，拳中内外如一之劲用之于敌，当刚则刚，当柔则柔，飞腾变化，无入而不自得，亦无可无不可也。此之谓一以贯之，一之为用，虽然纯熟，总是有一之形迹也。尚未到至妙处，因此要将一化去，化到至虚无之境，谓之至诚、至虚、至空也。如此大而化之之谓圣，圣而不可知之之谓神之道理，得矣。

第九则

　　拳术之道，要自己锻炼身体，以祛病延年，无大难法。若与人相较，则非易事。第一存心谨慎，要知己知彼，不可骄矜，骄矜必败。若相识之人，久在一处，所练何拳，艺之深浅，彼此皆知，或喜用脚，或善用手，皆知其大概，谁胜谁负，尚不易言。若与不相识之人初次见面，彼此不知所练何种拳术，所用何法，若一交手，其艺浅者自立时相形见绌。若皆是明手，两人相交，则颇不易言胜。所宜知者一觌面，先察其人，精神是否虚灵，气质是否雄厚，身躯是否活泼，再察其言论，或谦或矜，其所言与其人之神气，形体动作，是否相符。观此三者，彼之艺能知其大概矣。及相较之时，或彼先动或己先动，务要辨地势之远近，险隘广狭死生。若二人相离极近，彼或发拳，或发足，皆能伤及吾身，则当如拳经云：眼要毒、手要奸（奸即巧也），脚踏中门往里钻。眼有监察之精，手有拨转之能，足有行程之功，两肘不离肋，两手不离心，出洞入洞紧随身，乘其无备而攻之，由其不意而出之，此是近地以速之意也。两人相离之地远，或三四步，或五六步不等，不可直上，恐彼以逸待劳，不等己发拳，而彼先发之矣。所以方动之时，不要将神气显露于外，似无意之情形，缓缓走至彼相近处，相机而用，彼动机方露，已即速扑上去，或掌或拳，随左打左，随右打右，彼之刚柔，己之进退，起落变化，总相机而行之，此谓远地以缓也。己所立之地势，有利不利，亦得因敌人而用之，不可拘着。程廷华先生亦云："与彼相较之时，看彼之刚柔，或力大或奸巧，彼刚吾柔，彼柔吾刚，彼高吾低，彼低吾高，彼长吾短，彼短吾长，彼开吾合，彼合吾开，或吾忽开忽合，忽刚忽柔，忽上忽下，忽短忽长，忽来忽去，不可拘之成法，须相敌之情形而行之。虽不能取胜于敌，亦不能骤然败于敌也，总以谨慎为要。"

第十则

拳经云："上下相连，内外合一。"俗云："上下是手足也。"按拳中道理言之，是上呼吸之气与下呼吸之气相接也，此是上下相连，心肾相交也。内外合一者，是心中神意下照于海底，腹内静极而动，海底之气微微自下而上，与神意相交归于丹田之中，运贯于周身，畅达于四肢，融融和和。如此方是上下相连，手足自然相顾，合内外而为一者也。

第十一则

练拳术不可固执不通，若专以求力，即被力拘；专以求气，即被气所拘；若专以求沉重，即为沉重所捆坠；若专以求轻浮，神气则被轻浮所散。所以然者，练之形式顺者，自有力；内里中和者，自生气；神意归于丹田者，身自然重如泰山；将神气合一化成虚空者，自然身轻如羽，故此不可以专求。虽然求之有所得焉，亦是有若无，实若虚，勿忘勿助，不勉而中，不思而得，从容中道而已。

第十二则

形意拳术之横拳，有先天之横，有后天之横，有一行之横。先天之横者,由静而动为无形之横拳也,横者中也。易云:"横中通理,正位居体",即此意也。拳经云:"起无形,起为横皆是也(此起字是内中之起,自虚无而生有,真意发萌之时,在拳中谓之横,亦谓之起)。"此横有名无形,为诸形之母,万物皆含育于其中矣。其横则为拳中之太极也。后天之横者,是拳中外形手足,以动即名为横也,此横有名有式,无有横之相也。因头手足(肩肘胯膝名七拳)外形七拳,以动即名为横,亦为诸式之干也,万法亦皆生于其内也。

第十三则

形意拳术,头层明劲,谓之练精化气,为丹道中之武火也。第二层暗劲,谓之练气化神,为丹道中之文火也。第三层化劲,谓之练神还虚,为丹道中火候纯也。火候纯而内外一气成矣,再练亦无劲,亦无火,谓之练虚合道,以致行止坐卧,一言一默,无往而不合其道也。拳经云:"拳无拳,意无意,无意之中是真意。"至此无声无臭之德至矣。先人诗曰:"道本自然一气游,空空静静最难求。得来万法皆无用,身形应当似水流。"

第十四则

拳意之道,大概皆是河洛之理。以之取象命名,数理兼该,顺其人之动作之自然,制成法则,而人身体力行之。古人云："天有八风，易有八卦，人有八脉，拳有八势，是以拳术有八卦之变化。八卦者，有圆之象焉。天有九天，星有九野，地有九泉，人有九窍九数，拳有九宫，故拳术有九宫之方位。九宫者，有方之义焉。"古人以九府而作圆法，以九室而作明堂，以九区而作贡赋，以九军而作阵法，以九窍九数（九数者，即九节也，头为梢节，心为中节，丹田为根节；手为梢节，肘为中节，肩为根节；足为梢节，膝为中节，胯为根节。三三共九节也）而作拳术。无非用九，其理亦妙矣。河之图，洛之书，皆出于天地自然之数，禹之范，大挠之历，皆圣人得于天地之心法。余蒙老农先生所授之九宫图，其理亦出于此，而运用之神妙，变化莫测。此图之道，夫妇之愚可以与知、与能及其至也，虽圣人亦有所不知不能矣。其图之形式，是飞九宫之道，一至九，九还一之理。用竿九根布之，四正四根，四隅四根，当中一根。竿不拘粗细，起初练之，地方要宽大，竿相离要远，大约或一丈之方形，或一丈有余，或两丈，不拘尺寸。练之已熟，渐渐而缩小，缩至两竿相离之远近仅能容身穿行往来，形如流水，旋转自如，而不碍所立之竿。绕转之形式，用十二形，或如鹞子入林翻身之巧，或如蛇拨草入穴之妙，或如猿猴纵跳之灵活，各形之巧妙，无所不有也。此图之效力，不会拳术者按法走之可以消食，血脉流通；若练拳术而步法不活动者，走之可以能活动；练拳术身体发拘者，走之身体可以能灵通；练拳术心中固执者，走之可以能灵妙。无论男女老少，皆可行之，可以祛病延年、强健身体等等，妙术不可言宣。拳经云："打拳如走路，看人如蒿草。武艺都道无正经，任意变化是无穷。岂知吾得婴儿玩，打法天下是真形。"三回九转是一式之理，亦皆在其中矣。此图明数学者，能晓此图之理；练八卦拳者，能通此图之道也。此图亦可作为游戏运动，走练之时，舌顶上腭；不会练拳术者，行走之时两手屈伸，可以随便。会拳术者，按自己所会之法则，运用可也。无论如何运动，左旋右转，两手、身体不能动着所立之竿为要。此图不只运动身体已也，而剑术之法，亦含藏于其中矣。此九根竿之高矮，总要比人略高，可以九个泥垫或木垫，将竿插在内，可以移动。练用时可分布九宫，不练时可收在一处。若地基方便，不动亦可。若实在无有竿之时，砖石分布九宫亦可，若无砖石，画九个小圈走之亦无不可。总而言之，总是有竿练之为最妙，此法走练起初按一、二、三、四、五、六、七、八、九之路，返之九、八、七、六、五、四、三、二、一。此图外四正四隅八根竿，比喻八卦，当中一根又比喻共九个门。要练纯熟，无论何门，亦可以起点，要之归原，不能离开中门，即中五宫也。走之按一至二，二至三至九，返之九至八、八至七，又还于一之数。此图一圈一根竿也，一至九，九返一，即所行之路也，名为飞九宫也，亦名阴八卦也。河图之理藏之于内，洛书之道形之于外也。所以拳术之道，体用俱备，数理兼该，性命双修，乾坤相交，合内外而为一者也。走练此图之意，九竿如同九人，如一人之敌九，左右旋转，屈伸往来，飞跃变化，闪展腾挪。其中之法则，按着规矩，其中之妙用，亦得要自己悟会耳。其图之道，亦和于乾坤二卦之理，六十四卦之式，皆含在其中矣。在人贤者识其大者，不贤者识其小者，得之莫不有拳术奥妙之道焉。

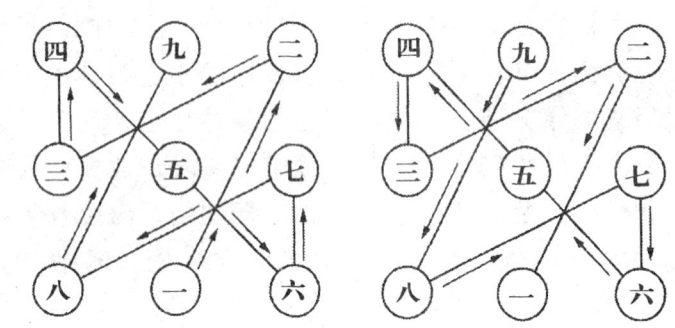

第二节　述白西园先生言

白西园先生云：练形意拳之道，实是祛病延年、修道之学也。余自幼年行医，今年近七旬矣，身体动作轻灵，仍似当年强壮之时也，并无服过参茸保养之物。此拳之道，养气修身之理，实有确据，真有如服仙丹之效验也。惟练拳易，得道难，得道易，养道尤难。所以练拳术第一要得真传，将拳内所练之规矩，要知得的确，按次序而练之，第二要真爱惜，第三要有恒心，作为自己终身修养之功课也。除此三者之外，虽然讲练，古人云："心不在焉，视而不见，听而不闻，食而不知其味，就是终身不能有得也。"就是至诚有恒心所练之道理，虽少有得焉，亦不能自骄，所练之形式道理，亦要时常求老师，或诸位老先生们看视。古人云："人非圣贤，孰能无过。"若以骄，素日所得之道理，亦时常失去，道理以失，拳术就生出无数之病来（即拳术之病非人所得吃药之病也）。若是明显之病，还容易更改，老师功夫大小、道理深浅可以更正也，若是暗藏错综之病，非得老师道理极深，经验颇富，不能治此病也。错综之病，头上之病不在头，脚上之病不在脚，身内之病不在内，身外之病不在外，此是错综之病也。暗藏之病，若隐若现，若有若无，此病于平常所练之人，亦看不出有病来，自己觉着亦无毛病，心想自己所练的道理亦到纯熟矣，岂不知自己之病入之更深矣，非得洞明其理，深达其道者，不能更改此样病也。若不然，就是昼夜习练，终身不能入于正道矣。此病谓之俗，自然劲也，与写字用功入了俗派始终不能长进之道理相同也。所以练拳术者，练一身极好之技术，与人相较亦极其勇敢，倒容易练，十人之中可以练成七八个矣。若能教育人者，再自己功夫极纯，身体动作极其和顺，析理亦极其明详，令人容易领会，可以做后学之表率，如此人者，十人之中难得一二人矣。练拳术之道理，神气贯通，形质和顺，刚柔曲折，法度长短，与曾文正公谈书法，言乾坤二卦之理相同也。

第三节　述刘奇兰先生言

第一则

刘奇兰先生云：形意拳术之道，体用莫分。自己练者为体，行之于彼为用。自己练时眼不可散乱，或视一极点处，或看自己之手，将神气定住，内外合一，不可移动。要用之于彼，或者彼上之两眼，或看彼之中心，或看彼下之两足，不要站定成式，不可专用成法，或掌或拳，望着就使，起落进退变化不穷，是用智而取胜于敌也。若用成法，即能胜于人，亦是一时之侥幸耳。所应晓者，须固住自己神气不使散乱，此谓无敌于天下也。

第二则

形意拳经云："养灵根而静心者，修道也，固灵根而动心者，敌将也。"敌将之用者，"起如钢锉，落如钩竿""起似伏龙登天，落如霹雷击地。起无形，落无踪，起落好似卷地风""束身而起，长身而落""起如箭，落如风，追风赶月不放松。起如风，落如箭，打倒还嫌慢""打人如走路，看人如蒿草，胆上如风响，起落似箭钻""遇敌要取胜，四梢俱要齐，是内外诚实如一也""进步不胜，必有胆寒之心也"。此是固灵根而动心者，敌将所用之法也。

第三则

　　道艺之用者，心中空空洞洞，不勉而中，不思而得，从容中道，而时出之。拳无拳，意无意，无意之中是真意。心无其心心空也，身无其身身空也。古人云："所谓空而不空，不空而空，是谓真空，虽空乃至实至诚也。"忽然有敌人来击，心中并非有意打他（无意即无火也），随彼意而应之。拳经云："静为本体，动为作用。"即是寂然不动，感而遂通，无可无不可也。此是养灵根而静心者所用之法也。夫练拳至无拳无意之境，乃能与太虚同体，故用之奥妙而不可测，然能至是者鲜矣。

第四节　述宋世荣先生言

第一则

　　宋世荣先生云：形意拳之道，是先将拳术已成之着法玩而求之，而有得之于心焉。或吾胸中有千万法可也，或吾胸中浑浑沦沦，无一着法亦可也。无一法者，是一气之合也，以至于应用之时，无可无不可也。有千万法者，是一气之流行也。应敌之时，当刚则刚，当柔则柔，起落进退变化，皆可因敌而用之也。譬如千万法者，是一形一着法也，一着法之中，亦皆能生生不已也。譬如练蛇形，蛇有拨草之精，至于蛇之盘旋屈伸、刚柔、灵妙等式，皆伊之性能也。

兵法云："常山蛇阵式，击首则尾应，击尾则首应，击其中，则首尾皆应。"所以练一形之中，将伊之性能，格物到至善处，用之于敌，可以循环无端，变化无穷，故能时措之宜也。一形之能力如此，十二形之能力皆如是也。内中之道理，物之伸者，是吾拳之长劲也；物之曲者，是吾拳之短劲也，亦吾拳之划劲也；物之曲曲弯转者，是吾拳之柔劲也；物之往前，直去猛快者，是吾拳之刚劲也。虽然一物之性，能刚柔曲直，纵横变化，灵活巧妙，人有所不能及也。所以练形意拳术者，是格物十二形之性能，而得之于心，是能尽物之性也，亦是尽己之性也。因此，练形意拳者，是效法天地，化育万物之道也。此理存之于内而为德，用之于外而为道也。又内劲者，内为天德，外法者，外为王道，所以此拳之用，能以无可无不可也。

第二则

形意拳术有道艺、武艺之分。有三体式单重、双重之别。练武艺者，是双重之姿势，重心在于两腿之间，全身用力，清浊不分，先后天不辨。用后天之意，引呼吸之气积蓄于丹田之内，其坚如铁石，周身沉重，站立如同泰山一般，若与他人相较，不怕足踢手击。拳经云："足打七分手打三，五行四梢要合全。气连心意随时用，硬打硬进无遮拦。"此谓之浊源，所以为敌将之武艺也，若练到至善处，亦可以无敌于天下也。练道艺者，是三体式单重之姿势，前虚后实，重心在于后足，前足亦可虚，亦可实，心中不用力，先要虚其心，意思与丹道相合。丹书云："静坐要最初还虚。不还虚，不能见本性，不见本性，用功皆是浊源，并非先天之真性也。"拳术之理亦然，所以亦要最初还虚，不用后天之心意，亦并非全然不用，要全不用成为顽空矣。所以用劲者，非用后天之拙力，皆是规矩中之用力耳，还虚者。丹书云："中者，虚空之性体也。"执中者，还虚之功用也。是故，形意拳术起点有无极、太极、三体之式，其理是最初还虚之功用也。丹书云："道自虚无生一气，便从一气产阴阳。阴阳再合成三体，三体重生万物张。"是此意也。三体者，在身体外为头、手、足也，内为上、中、下三田也，在拳中，形意、八卦、太极三派之一体也。虽分三体之名，统体一阴阳也，阴阳归总一太极也，即一气也，亦即形意拳中起点无形之横拳也。此横拳者，是人本来之真心，空空洞洞，不挂着一毫之拙力，至虚至无即太极也，所谓无名天地之始。但此虚无太极不是死的，乃是活的，其中有一点生机藏焉。此机名曰先天真一之气，为人性命之根，造化之源，生死之本也。此虚无中含此一气，不有不无，非有非无，非色非空，活活泼泼的。又曰真空真空者，空而不空，不空而空，所谓有名万物之母。虚无中，既有一点生机在内，是太极含一气，一自虚无兆质矣。此太极含一气，是丹书所说的静极而动，是虚极静笃时，海底中有一点生机发动也。邵子云："一阳初发动，万物未生时也。"在拳术中，虚极时，横拳圆满无亏，内中有一点灵机生焉。丹书云："一气既兆质，不能无动静。"动为阳，静为阴，是动静既生于一气，两仪因此一气开根也。动极而静，静极而动，劈、崩、钻、炮，起钻落翻，精气神，即于此而寓之矣。故此三体式内之一点生机发动，而能至于无穷，所以谓之道艺也。

第三则

静坐功夫以呼吸调息，练拳术以手足动作为调息，起落进退，皆合规矩，手足动作亦俱和顺，内外神形相合，谓之调息，以身体动作旋转，纵横往来，无有停滞，一气流行，循环无端，谓之停息。亦谓之脱胎神化也，虽然一是动中求静，一是静中求动，二者似乎不同，其实内中之道理则一也。

第五节　述车毅斋先生言

车毅斋先生云：形意拳之道，合于中庸之道也。其道中正，广大至易至简，不偏不倚，和而不流，包罗万象，体物不遗。放之则弥六合，卷之则退藏于密，其味无穷，皆实学也。惟是起初所学，先要学一派，一派之中，亦得专一形而学之。学而时习之，习之已熟，然后再学他形。各形纯熟，再贯串统一而习之。习之极熟，全体各形之式，一形如一手之式，一手如一意之动，一意如同自虚空发出。所以练拳学者，自虚无而起，自虚无而还也。到此时形意也，八卦也，太极也，诸形皆无，万象皆空，混混沦沦，一浑气然，何有太极，何有形意，何有八卦也。所以练拳术不在形式，只在神气圆满无亏而已，神气圆满，形式虽方，而亦能活动无滞。神气不足，就是形式虽圆，动作亦不能灵通也。拳经云："尚德不尚力，意在蓄神耳。"用神意合丹田，先天真阳之气运化于周身，无微不至，以至于应用，无处不有，无时不然。所谓物物一太极，物物一阴阳也。《中庸》云："鬼神之为德，其盛矣乎，视之而弗见，听之而弗闻，体物而不可遗。"亦是此拳之意义也。所以练拳术者，不可守定成规成法而应用之。成法者，是初入门教人之规则，可以变化人之气质，开人之智识，明人之心性，是化除后天之气质，以复其先天之气也。以至虚无之时，无所谓体，无所谓用。拳经云："静为本体，动为作用，是体用一源也。"体用分言之，以体言，行止坐卧，一言一默，无往而不得其道也。以用言之，无可无不可也。余幼年间血气盛足，力量正大，法术记得颇多，用的亦熟亦快。每逢与人相比较之时，观彼之形式，可以用某种手法正合宜。技术浅者，占人一气之先，往往胜人。遇着技术深者，观其身式，用某种手法亦正合宜，一到彼之身边，彼即随式而变矣。自己的旧力未完，新力未生，往往再变换手法，有来不及处，一时进退不灵活，就败于彼矣。

以后用力之久而一旦豁然贯通，将体式、法身全都脱去。始悟前者，所练体式皆是血气所用之法，术乃是成规，先前用法，中间皆有间断不能连手变化，皆因是后天用事，不得中和之故也。昔年有一某先生，亦是练拳之人，在余处闲谈，彼凭着血气力足，不明此拳之道理，暗中有不服之意。余此时正洗面，且吾洗面之姿势，皆用骑马式，并未注意于彼。不料彼要取玩笑，起身用脚，望着余之后腰，用脚踢去。彼足方到予之身边，似挨未挨之时，予并未预料。譬如静坐功夫，丹田之气始动，心中之神意知觉，即速又望北接渡也。此时物到神知，予神形合一，身子一起，觉腰下有物碰出，回观则彼跌出一丈有余，平身躺在地下。予先何从知彼之来，又无从知以何法应之，此乃拳术无意中抖擞之神力也，至哉信乎。拳经云："拳无拳，意无意，无意之中是真意也。"至此拳术，无形无相，无我无他，只有一神之灵光，奥妙不测耳。拳经云："混元一气吾道成，道成莫外五真形。真形内藏真精神，神藏气内丹道成。如问真形须求真，要知真形合真相。真相合来有真诀，真诀合道得彻灵。养灵根而动心者，敌将也；养灵根而静心者，修道也。武艺虽真窍不真，费尽心机枉劳神。祖师留下真妙诀，知者传授要择人。"

第六节　述张树德先生言

张树德先生云：形意拳之道，不言器械。余初练之时，亦只疑无有枪刀剑术之类。余练枪法数十年，访友数省，相遇名家，亦有数十余名，所练门派不同，亦各有所长。余自是而后，昼夜勤习，方得枪中之奥妙。昔年用枪，总以为自己身手快利，步法活动，用法多巧，然而与人相较，往往被人所制，后始知不在乎形式法术，有身如无身，有枪如无枪，运用只在一心耳(心即枪，枪即心也)。枪分三节八楞，用眼视定彼之形式，上中下三路，或梢节、中节、根节，心一动，而手足与枪合一，似蛟龙出水一般，直到彼身，彼即败矣。方知手足动作，教练纯熟，不令而行也。余自练形意拳以来，朝夕习练，将道理得之于身心，而又知行合一，故同一长短之枪，已觉自己之枪，昔用之似短，今用之则长，更觉善用者不在枪之形式长短，全在拳中神意之妙用也。又方知拳术即剑术枪法，剑术枪法亦即拳术也。拳经云："心为元帅，眼为先锋，手足为五营四哨，以枪为拳，以拳为枪，枪扎如射箭。"即此意也。故此始悟形意拳术不言枪剑，因其道理中和，内外如一，体物而不遗，无往而不得其道也。

第七节　述刘晓兰先生言

刘晓兰先生云：形意拳之道无他，不过变化人之气质，得其中和而已。从一气而分阴阳，从阴阳而分五行，从五行而还一气。十二形之理，亦从一气阴阳五行变化而生也。朱子云："天以阴阳五行，化生万物，气以成形，而理即敷焉。"即此意也。余从幼年练八极拳，功夫颇深，拳中应用之法术，如搋肘、定肘、挤肘、挎肘等等之着法，亦极其纯熟，与人相较，往往胜人。其后遇一能手，身躯灵变，或离或合，则吾法无所施，往往拘守成法而不能变化，尚疑为自己功夫不纯之过也。其后改练形意拳，习五行生克应用之法则，如劈拳能破崩拳，以金克木，钻拳能破炮拳，以水克火。习至数十年方悟所得之道，知行合一之理，心中极其虚灵，身形亦极其和顺，内外如一，又知五行拳互相生克，金克木，木亦能克金，金生水，水亦能生金。古人云："互相递为子孙之意也。"以前所用之法则，而时应用，无不随时措之宜也，亦无入而不自得也。因此始知形意拳，是个中和之体，万物皆涵育于其中矣。

第八节　述李镜斋先生言

李镜斋先生言：常有练拳术者，多有体用不合之情形。每见所练之体式、功夫极其纯熟，气力亦极大，然而所用之法则，常有与体式相违者，皆因是所练之体中形式不顺，身心不合，则有悖戾之气也。譬如儒家读书，读得极熟，看理亦极深，惟是所做出之文章，常有不顺，亦是伊所看书之理，则有悖谬之处耶。虽然文武不同道，其理则一也。

第九节 述李存义先生言

第一则

李存义先生言：拳经云："静为本体，动为作用，寂然不动，感而遂通，是化劲练神还虚之用也。"明、暗劲之体用，是将周身四肢松开，神气缩回，而沉于丹田，内外合成一气，再将两目视定彼之两目，或四肢，自己不动而为体也。若是发劲刚柔曲直，纵横圆研，虚实之劲，起落进退，闪展伸缩，变化之法，此皆为用也。此是与人相较之时，分析体用之意义也。若论形意拳本旨之体用，是自己练趟子为之体，与人相较之时，按练时而应之为之用也。虚实变化不自专用，因彼之所发之形式而生之也。

第二则

余练习拳学，一生不知用奸诈之心。先师亦常云"兵不厌诈"。自己虽不用奸诈，然而不可不防他人，终身未尝有意一次用奸诈之胜人，皆以实在功夫也。若以奸诈胜人，彼未必肯心服也。奸诈心有何益哉，与人相较总是光明正大，不能暗藏奸心，或是胜人，或是败于人，心中自然明晓，皆能于道理有益也。虽然奸诈自己不用，亦不可不防，惟是彼之道理，刚、柔、虚、实、巧、拙，不可不察也（此六字是道理中之变化也，奸诈者不在道理之内，用好言语将人暗中稳住，用出其不意打人也）。刚者有明刚、有暗刚，柔者有明柔、有暗柔也。明刚者，未与人交手时，周身动作，神气皆露于外，若是相交，彼一用力抓住吾手，如同钢钩一般，气力似透于骨，自觉身体如同被人捆住一般，此是明刚中之内劲也。暗刚者，与人相较，动作如平常，起落动作亦极和顺，两手相交，彼之手指软似棉，用意一抓，神气不只透于骨髓，而且牵连心中如同触电一般，此是暗刚中之内劲也。明柔者，视此人之形式动作，毫无气力，若是知者视之，虽身体柔软无有气力，然而身体动作身轻如羽，内外如一，神气周身并无一毫散乱之处。与彼交手时，抓之似有，再用手或打或撞，而又似无。此人又毫不用意于己，此是明柔中之内劲也。暗柔者，视之神气威严，如同泰山。若与人相较，两手相交，其转动如钢球。手方到此人之身似硬，一用力打去，则彼身中又极灵活，手如同鳔胶相似，胳膊如同钢丝条一般，能将人似粘住，或缠住，自己觉着诸方法不能得手，此人又无有一时格外用力，总是一气流行，此是暗柔中之内劲也。此是余与人道艺相交，两人相较之经验也。以后学者若遇此四形式之人，量自己道艺深浅，神气之厚薄，而相较量。若是自己不能被彼之神气欺住，可以与彼相较，若是睹面先被彼神气罩住，自己先惧一头，就不可与彼较量。若无求道之心则已，若是有求道之心，只可虚心而恭敬之，以求其道也。兵法云："知己知彼，百战百胜。"能如此视人，能如此待人，可以能无敌于天下也。并非人人能胜方为英雄也。虚实巧拙者，是彼此两人一睹面数言，就要相较。察彼之身形高矮，动作灵活不灵活，又看彼之神气厚薄，一动一静言谈之中，是内家是外家。先不可骤然取胜于人，先用虚手以探试之，等彼之动作，或虚或实，或巧或拙，一露形迹，胜败可以知其大概矣。被人所败不必言矣，若是胜于人亦是道理中之胜人也。就是被人所败，亦不能用奸诈之心也。余所以练拳一生，总是以道服人也。以上诸先师亦常言之，亦是余一生所经验之事也。以后学者，虽然不用奸诈，不可不防奸诈，莫学余忠厚，时常被人所欺也。

第十节　述田静杰先生言

田静杰先生言：形意拳术之理，本是不偏不倚，中正和平，自然一气流行之道也。拳经云："身式不可前栽，不可后仰，不可左斜，不可右歪。"即不偏不倚之意也。其气卷之则退藏于密（即丹田也），放之则弥六合（心与意合、意与气合、气与力合是内三合也。肩与胯合、肘与膝合、手与足合是外三合也），练之发着于十二形之中（十二形为万形之纲也）。身体动作，因诸形式有上下大小之分，有动静刚柔之判，起落进退之式，伸缩隐现之机也，虽然外形动作有万形之分，而内运用一以贯之也。

第十一节 述李奎垣先生言

第一则

李奎垣先生云：形意拳术之道，意者即人之元性也。在天地则为土，土者天地之性，性者人身之土也。在人则为性，在拳则为横，横者即拳中先天圆满中和之一气也。内包四德，即劈、崩、钻、炮也，亦即真意也。形意者是人之周身四肢动作，从其规矩，顺其自然，外不乖于形式，内不悖于神气，外面形式之顺，是内中神气之和，外面形式之正，是内中意气之中。是故见其外，知其内，诚于内，形于外，即内外合而为一者也。先贤云："得其一而万事毕。"此为形意拳术，形意二字大概之意义也。

坐功虽云静极而生动，丹田之动，是外来之气动，其实还是意动，群阴剥尽一阳来复，是阴之静极而生动矣。丹书练己篇云："己者我之真性，静则为性，动则为意，妙用则为神也。"不静则真意不动，而何有妙用乎，所以动者是真意，练拳术到至善处，亦是性至静，真意发动，而妙用即是神也。至于坐功静极而动，采取火候之老嫩，法轮升降之归根，亦不外性静意动，一神之妙用也。

第二则

练形意拳术，头层明劲，垂肩坠肘塌腰，与写字之功夫往下按笔意思相同也。二层练暗劲，松劲往外开劲缩劲，各处之劲与写字提笔意思相同也，顶头蹬足，是按中有提，提中有按也。三层练化劲，以上之劲俱有而不觉有，只有神行妙用，与之随意作草书者，意思相同也，其言拳之规则法度，神气结构，转折形质与曾文正公家书论书字，言乾坤二卦，并礼乐之意者，道理亦相同也。

第三则

形意拳术之道，勿拘于形式，亦不可专务于形式，二者皆非正道。先师云："法术规矩在假师传，道理巧妙，须自己悟会。故练拳术者，不可以练偏僻奇异之形式，而身为其所拘，亦不可以练散乱无章之拳术，而不能通其道。"所以练拳术者，先要求明师得良友，心思会悟，身体力行，日日习练，不可间断，方能有得也。不如是，混混沌沌一生，茫然无所知也。俗语云："世上无难事，就怕心不专。"世人皆云拳术道理深远不好求，实则不然。《中庸》云："道不远人，人之为道而远人。"天地之间，万物之理，皆道之流行分散耳。人为一小天地，亦天地间之一物也。故我身中之阴阳，即天地之阴阳也，万物之理，亦即我身中之理也。大学注云："心在内而理周乎物，物在外而理具于心。"易注云："远在六合以外，近在一身之中，远取诸物，近取诸身，天地之大，六合之远，万物之理，莫不在我一身之中。"其拳始言一理，即形意拳中之太极三体式之起点也。中散为万事，即阴阳五行十二形，以至各形之理，无微不至也。末复合为一理者，各形之理，总而合之，内外如一也。放之则弥六合者，即身体形式伸展，内中神气放开，圆满无缺也。高者如同极于天也，远者如至六合之外也，卷之则退藏于密者，即神气缩至于丹田，至虚至无之意义也。远取诸物者，譬如蛇之一物，曲屈夭矫，来去如风，吾欲取其意也。近取诸身者，若练蛇形，须研究其形，是五行拳中（即劈、崩、钻、炮、横也），何行合化而生出此形之劲也。劲者即内中神气贯通之气也。所以要看此形之行动，头尾身，伸缩盘旋，三节一气，无一毫之勉强也。物之性能柔中有刚，刚中有柔。柔者，如同丝带相似，刚者，缠住别物之体，如钢丝相似。再将物之形式动作，灵活曲折刚柔之理，而意会之，再自己身体力行而效之，功久自然得着此物之形式性能，与我之性能合而为一矣。此形之性能，格物通了，再格物他形之性能，十二形之理亦然，以至于万形之理。只要一动一静，骤然视见，与我之意相感，忽觉与我身中之道相合，即可仿效此物之动作，而运用之。所以练拳术者，宜虚心博问，不可自是。余昔年与人相较枪拳之时，即败于人之手，然而又借此他胜我之法术，而得明我所练之道理也。是故拳术即道理，道理即拳术，天地万物无不可效法也，即世人亦无不可作我之师与友也。所以余幼年练拳术，性情异常刚愎，总觉己高于人。自拜郭云深先生为师教授形意拳术，得着门径，又得先生循循善诱，自己用功，昼夜不断，又得良友相助，忽然豁然明悟，心阔似海。回思昔日所练所行，诸事皆非，自觉心中愧悔，毛发悚惧，自此而知古人云："求圣求贤在于己，功名富贵在于命。"练拳术者，关于人之一生祸福，后学者不可不知也。自此以后不敢言己之长，议人之短，知道理之无穷。俗云："强中自有强中手，能人背后有能人。"心中战战兢兢，须臾不敢离此道理，一生亦不敢骄矜于人也。

第四则

形意拳之道，练之有无数之曲折层次，亦有无数之魔力混乱，一有不察，拳中无数之弊病出焉。故练者，先以心中虚空为体，以神气相交为用，以腰为主宰，以丹田为根，以三体式为基础，以九要之规模为练拳之具，以五行十二形为拳中之物。故将所发出散乱之气，顺中用逆缩回，归于丹田，用呼吸锻炼，不用口鼻呼吸，要用真息积于丹田。口中之呼吸，舌顶上腭，口似张非张，似吻非吻，还照常呼吸，不可有一毫之勉强，要纯任自然耳。所以要除三害，挺胸、提腹、努气是形意拳之大弊病也。或有练的规矩不合，自己不知，身形亦觉和顺，心中亦觉自如，然而练至数年功夫，拳术之内外不觉有进步，以通者观之，是入于俗派自然之魔力也。或有练者，手足动作亦整齐，内外之气亦合得住，以旁人观之，周身之力量看着亦极大无穷，自觉亦复如是，惟是与人相较，放在人家之身上，不觉有力。知者云：是被拘魔所捆也。因两肩根、两胯里根不舒展，不知内开外合之故也。如此虽练一生，身体不能如羽毛之轻灵也。又有每日练习身形亦和顺，心中亦舒畅，忽然一朝，身形练着亦不顺，腹中觉着亦不合，所练的姿势起落进退，亦觉不对，而心中时觉郁闷。知者云：是到疑团之地也。其实拳术确有进步，此时不可停功，千万不可被疑魔所阻，即速求师说明道理而练去。用功之久，而一旦豁然贯通，则众物之表里精粗之无不到，而吾拳之全体大用无不明矣。至此诸魔尽去，道理不能有所阻也。邱祖云："经一番魔乱，长一层福力也。"

第十二节　述耿诚信先生言

耿诚信先生云：幼年练习拳术之时，肝火太盛，血气甚旺，往往与人无故不相和，视同道如仇敌。自己常常自烦自恼，此身为拙劲所拘，不知自己有多大力量。有友人介绍深州刘奇兰先生，拜伊为门下。先生云："此形意拳，是变化气质之道，复还于初，非是求后天血气之力也。"自练初步明劲功夫，四五年之时，自觉周身之气质、腹内之性情，与前大不相同。回思昔年所做之事，对于人所发之性情言语，时时心中甚觉愧悔，自此而后习练暗劲。又五六年，身中内外之景况与练明劲之时又不同矣。每见同道之人，无不相合，遇有技术在我以上者，亦无不称扬之。此时自己心中技术，还有一点吝啬之心，不肯轻示于人。嗣又迁于化劲，习之又至五六年工夫，由身体内外刚柔相合之劲，而渐化至于无此。至此，方觉腹内空空洞洞，浑浑沌沌，无形无相，无我无他之境矣。自此方无有彼此之分，门户之见，遇有同道者，无所不爱，或有练习未及于道者，无不怜悯而欲教之。偶遇同道之人相比较者，并无先存一个打人之心在内，所用所发皆是道理，亦无入而不自得矣。此时方知形意拳是个中和之道理，所以能变化人之气质而入于道也。

第十三节　述周明泰先生言

周明泰先生云：形意拳之道，练体之时，周身要活动，不可拘束。拳经云："十六处练法之中，虽有四就之说，就者束身也。束身非拘也，是将身缩住，内开外合，虽往回缩，外形之式要舒展，顺中有逆，逆中有顺。"是故形意拳之道，内中之神气要中正相交，外形之姿势要和顺不悖。所以练体之时，周身内外不可拘束，然而所用之时，外形亦不可有散乱之式，内中不可有骄惧之心。就是遇武术至浅之人，或遇不识武术之人，内中不可有骄傲之心存，亦不可以一手法必胜他人。务要先将自己之两手或虚或实，要灵活不可拘力，两足之进退，要便利不可停滞，或一二手，或三五手不拘，将伊之虚实真情引出，再因时而进之，可以能胜他人也。倘若遇武术高超之人，知其功夫极深，亦见其身体动作神形相合，己心中亦赞美伊之功夫，亦不可生恐惧之心。务要将神气贯注，两目视定伊之两眼之顺逆，再视伊之两手两足或虚或实，或进退。相交之时，彼进我退，彼退我进，彼刚我柔，彼柔我刚，彼短我长，彼长我短，亦得量彼之真假灵实而应之，不可拘定一成法而必胜于人也。如此用法，虽然不能胜于彼，亦不能一交手，即败于彼也。故练拳术之道，不可自负其能，无敌于天下也；亦不可有恐惧心，不敢与人相较也。所以务要知己知彼，知己不知彼，不能胜人；知彼而不知己，亦不能胜人。故能知己知彼，可以能胜人，而亦能成为大英雄之名也。

第十四节　述许占鳌先生言

第一则

许占鳌先生云：练形意拳术之道，万不可有轻忽易视之心。五行十二形，以为七日学一形，或十日学一形，大约少者半年，可以学完，多者一年之工夫足以学完全矣。如此练形意拳，至于终身不能有所得也，所会者，不过拳之形式与皮毛耳。或者又知此拳之道理精微，不易得之于身，而有畏难之心，总疑一形两形，大约三年五年，亦不能得其精微，若于全形之道理，大约终身亦得不完全矣。二者有一，虽然习练，始终不能有成也。二者若是全无，再虚心求老师传授，第一，三害之病不可有；第二，九要之规矩要真切；第三，三体式要多站，九要要整齐，身子外形要中正，心中要虚空，神气呼吸要自然，形式要和顺，不如此，不能开手开步练习也。若是诚意练习，总要勿求速效。一日不和顺，明日再站，一月不和顺，下月再站。因三体式是变化人之气质之始，并非要求血气之力，是去自己之病耳（拙气拙力之病）。所以站三体式者，有迟速不等，因人之气质禀受不同也。至于开手开步练习，一形不顺不能练他形，一月不顺，下月再练，半年不顺，一年练，练至身体和顺，再练他形。非是形式不熟，亦是内中之气质未变化耳。一形通顺再练他形，自易通顺，而其余各形皆可一气贯通。拳经云："一通无不通也。"所以练形意拳者，勿求速效，勿生厌烦之心，务要有恒，作为自己一生始终修身之功课，不管效验不效验。如此练去，功夫自然而有得也。

第二则

形意拳术三体式者，天、地、人三才之像也，即人身中之头、手、足也，亦即形意、八卦、太极拳三派合一之体也。此式是虚而生一气，是自静而动也。太极两仪至于三体式，是由动而静也，再致虚极静笃时还于本性。此性是先天之性，不是后天之性，此是形意拳术之本体也。此三体式，非是后天拙力血气所为，乃是拳中之规矩，传授而致也。此是拳术最初还虚之道也。此理与静坐之功相合也。静坐要最初还虚，俟虚极静笃时，海底而生知觉，要动而后觉，是先天动，不可知而后动，知后而动是后天妄想而生动也。俟一阳动时即速回光返照，凝神入于气穴，神气相交，二气合成一气。再有传授，文武火候老嫩，呼吸得法，能以锻炼进退升降，亦可以次而行功也。因此是最初还虚，血气不能加于其内，心中空空洞洞，即是明心见性矣。前者自虚无至三体式，是由静而动，动而复静，是拳中起钻落翻之未发，谓之中也。中者是未发之和也。三体式重生万物张者，是静极而再动，此是起钻落翻已发也。已发是拳之横拳起也。内中之五行拳、十二形拳，以至万形，皆由此而生也。《中庸》云："天命之谓性，率性之谓道"，不动是未发之中也。动作能循环三体式之本体，是已发之和也。和者是已发之中也。将所练之拳术，有过犹不及而之气质仰而就，仰而止，教人改变气质复归于中，是之谓教也。故形意拳之内劲是由此中和而生也。俗语云："拳中之内劲是鼓小腹，硬如坚石，非也。"所以形意拳之内劲，是人之元神、元气相合，不偏不倚，和而不流，无过不及，自无而有，自微而著，自小而大，由一气之动而发于周身，活活泼泼无物不有，无时不然。《中庸》云："放之则弥六合，卷之则退藏于密，其味无穷。"皆是拳中之内劲也。善练者，玩索而有得焉，则终身用之，有不能尽者矣。三体式无论变更何形，非礼不动(礼即拳中之规矩姿势也)，所以修身也。故一动一静，一言一默，行止坐卧，皆有规矩。所以此道动作，是纯任自然，非勉强做作也。

古人云："内为天德，外为王道，并非霸术所行。"亦是此拳之意义也。

第五章　八卦拳

述程廷华先生言

程廷华先生云：练八卦拳之道，先得明师传授，晓拳中之意义，并先后之次序。其实八卦，本是一气变化之分(一气者即太极也)，一气仍是八卦四象两仪之合。是故太极之外无八卦，八卦、两仪、四象之外亦无太极也。所以一气八卦为其体，六十四变，以及七十二暗足，互为其用。体亦谓之用，用亦谓之体，体用一源，动静一道，远在六合以外，近在一合身中，一动一静，一言一默，莫不有卦象焉，莫不有体用焉，亦莫不有八卦之道焉。其道至大，而无不包，其用至神，而无不存。若是言练，先晓伸缩旋转圆研之理。先以伸缩而言之。缩者是由高而缩于矮，由前而缩于后，从高而缩于矮之情形，身子如缩至于深渊。从前而缩于后之意思，身体如同缩至于深窟。若是论身体伸长而言之，伸者自身体缩至极矮极微处，再往上伸去，如同手扣于天，往远伸去，又同手探于海角，此是拳中开合抽长之精意。古人云："其大无外，其小无内，放之则弥六合，卷之则退藏于密。"所以八卦拳之道，无内外也。研者身转如同几微的螺丝细轴一般，身体有研转之形，而内中之轴，无离此地之意也。旋转者，是放开步法，迈足望着圆圈一旋转，如身体转九万里之地球一圈之意也。至于身体刚柔，如玲珑透体，活活泼泼流行无滞，又内中规矩，的的确确不易。胳膊百练之纯钢，化为绕指之柔。两足动作，皆勾股三角。两手之运用，又合弧切八线，所以数不离理，理不离数，理数兼该，乃得万全也。将此道得之于身心，可以独善其身，亦可以兼善天下，身之所行，是孝悌忠信。无事口中可以常念阿弥陀佛，行动不离圣贤之道，心中亦不离仙佛之门，非知此，不足以言练八卦拳术也。亦非如此不能得着八卦拳之妙道也。

第六章　太极拳

第一节　述郝为桢先生言

郝为桢先生云：练太极拳有三层之意思。初层练习，身体如在水中，两足踏地，周身与手足动作如有水之阻力。第二层练习，身体手足动作如在水中，而两足已浮起不着地，如长泅者浮游其间皆自如也。第三层练习，身体愈轻灵，两足如在水面上行，到此时之景况，心中战战兢兢如临深渊，如履薄冰，心中不敢有一毫放肆之意，神气稍为一散乱，即恐身体沉下也。拳经云："神气四肢总要完整，一有不整，身必散乱，必至偏倚，而不能有灵活之妙用。"即此意也。又云："知己功夫，在练十三式，若欲知人，须有伴侣二人，每日打四手（即掤、捋、挤、按也），功久即可知人之虚实轻重，随时而能用矣。"倘若无人与自己打手，与一不动之物当为人，用两手或手体与此物相较。视定物之中心，或粘或走，或靠手足总要相合，或如粘住他的意思，或如似挨未挨他的意思，身子内外总要虚空灵活，功久身体亦可以能灵活矣。或是自己与一个能活动之物，物之动去，我可以随着物之来去以两手接随之，身体屈伸往来，上下相随，内外一气，如同与人较一般，仍是求不即不离、不丢不顶之意也。如此心思会悟，身体力行，功久引进落空之法亦可以随心所欲而用之也。此是自己用功，无有伴侣之法则也。郝为桢先生与陈秀峰先生所练之架子不同，而应用之法术，同者极多，所不同者，各有心得之处或不一也。

第二节　述陈秀峰先生言

　　陈秀峰先生言，太极八卦与六十四卦，即手足四干四枝共六十四卦也（其理八卦拳学言之详矣）。与程廷华先生言游身八卦并六十四卦两派之形式用法不同，其理则一也。陈秀峰先生所用太极、八卦，或粘、或走、或刚、或柔，并散手之用，总是在不即不离内求玄妙，不丢不顶中讨消息，以至引进落空，四两拨千斤动作所发之神气，如长江大海，滔滔不绝也（此拳之道理王宗岳先生所著太极拳经论之最详）。程廷华先生所用之游身八卦，或粘或走、或开或合，或离或即，或顶或丢，忽隐忽现，或忽然一离相去一丈余远，忽然而回，即在目前，或用全体之力，或用一手，或二指，或一指之一节，忽虚忽实、忽刚忽柔，无有定形，变化不测。形意、八卦、太极三家，诸位先生所练之形式不同，其理皆合其应用亦各有所当也。

第七章 形意拳谱摘要

拳经云："形意拳之道，有七拳，八字，二总，三毒，五恶，六猛，六方，八要，十目，十三格，十四打法，十六练法，九十一拳，一百零三枪之论。"恐后来学者，未见过拳经，不知有此，故述之以明其义。

七拳　头、肩、肘、手、胯、膝、足共七拳也。

八字　斩（劈拳也）、截（钻拳也）、裹（横拳也）、胯（崩拳也）、挑（践拳也即燕形也）、顶（炮拳也）、云

(鼍形拳也)、领(蛇形拳也)。

二总 三拳三棍为二总(三拳是天地人生法无穷,三棍是天地人生生不已)。

三毒 三拳、三棍精熟即为三毒。

五恶 得其五精即为五恶。

六猛 六合练成,即为六猛。

六方 内外合一家为六方。

八要 心定神宁,神宁心安,心安清净,清净无物,无物气行,气行绝象,绝象觉明(觉明则神气相通,万气归根矣)。

十目 即十目所视之意。

十三格 自七拳格起,至士农工商为十三格。

十四打法 手、肘、肩、胯、膝、足,左右共十二拳,头为一拳,臀尾为一拳共十四拳。名为七拳,故有十四处打法,此十四处打法变之则有万法,合之则为五行两仪而仍归一气也。

十六练法 一寸、二践、三钻、四就、五夹、六合、七齐、八正、九胫、十警、十一起落、十二进退、十三阴阳、十四五行、十五动静、十六虚实。

寸(足步也)、践(腿也)、钻(身也)、就(束身也)、夹(如加减之加也)、合(内外六合:心与意合、意与气合、气与力合,是为内三合;肩与胯合、肘与膝合、手与足合,是为外三合)、齐(疾毒也,内外如一)、正(直也,看正却是斜,看斜却是正)、胫(手摩内五行也)、警(警起四梢也。火机一发,物必落,磨胫，磨胫意气响连声）、起落（起是去也，落是打也，起亦打，落亦打，起落如水之翻浪才成起落）、进退（进是步低，退是步高，进退不是枉学艺）、阴阳（看阴而却有阳，看阳而却有阴，天地阴阳相合能以下雨，拳术阴阳相合才能打人，成其一块，皆为阴阳之气也）、五行（内五行要动，外五行要随）、动静（静为本体，动为作用，若言其静，未漏其机，若言其动，未见其迹，动静是发而未发之间，谓之动静也）、虚实（虚是精也，实是灵也，精灵皆有成其虚实，拳经歌曰："精养灵根气养神，养功养道见天真。丹田养就长命宝，万两黄金不与人。"）。

九十一拳：　三拳分为二十一拳，五行生克是十拳，分为七十拳（共九十一拳，一拳分为七拳，是前打、后打、左打、右打、不打、打打、打不打、打打）。

一百零三枪：天地人三枪，各分四柱，是三四一十二枪；五行五枪，是五七三十五枪；八卦八枪，是七八五十六枪，共一百零三枪也。

头打落。意随足走，起而未起占中央，脚踏中门抢他位，就是神仙亦难防。

肩打一阴反一阳，两手只在洞中藏。左右全凭盖他意，舒展二字一命亡。

肘打去意占胸膛，起手好似虎扑羊，或在里拨一旁走，后手只在胁下藏。

拳打三节不见形，如见形影不为能，能在一思尽，莫在一思存，能在一气先，莫在一气后。

胯打中节并相连，阴阳相合得之难。外胯好似鱼打挺，里胯藏步变势难。

膝打几处人不明，好似猛虎出木笼。和身转着不停势，左右明拨任意行。

脚打采意不落空，消息全凭后脚蹬。与人较勇无虚备，去意好似卷地风。臀尾打起落不见形，好似猛虎坐卧出洞中。

拳经云："混元一气吾道成，道成莫外五真形。真形内藏真精神，神藏气内丹道成。如问真形须求真，要知真形合真象。真象合来有真诀，真诀合道得彻灵。""养灵根而动心者，敌将也，养灵根而静心者，修道也。"

赤松子胎息诀云："气穴之间，昔人名之曰生门死户，又谓之天地之根。凝神于此，久之元气日充，元神日旺。神旺则气畅，气畅则血融，血融则骨强，骨强则髓满，髓满则腹盈，腹盈则下实，下实则行步轻健，动作不疲，四体康健，颜色如桃李，去仙不远矣。"此亦是拳术内劲之意义也。

第八章　练拳经验及三派之精义

余自幼练拳以来，闻诸先生之言，云拳即是道。余闻之怀疑。至练暗劲，刚柔合一，动作灵妙，一任心之自然，与同道人研究，彼此各有所会。惟练化劲之后，内中消息，与同道之人言之，知者多不肯言，不知者茫然莫解。故笔之于书，以示同道，倘有经此情况者，可以互相研究，以归至善。余练化劲所经者，每日练一形之式，到停式时，立正，心中神气一定，每觉下部海底处（即阴跻穴处）如有物萌动。初不甚着意。每日练之有动之时，亦有不动之时，日久亦有动之甚久之时，亦有不动之时。渐渐练于停式，心中一定，如欲泄漏者，想丹书坐功，有真阳发动之语，可以采取，彼是静中动。练静坐者，知者亦颇多，乃彼是静中求动也。此是拳术动中求静，不知能消化否？又想拳经亦有"处处行持不可移"之言，每日功夫总不可间断。以后练至一停式，周身就有发空之景象，真阳亦发动而欲泄。此情形似柳华阳先生所云，复觉真元之意思也。自觉身子一毫亦不敢动，动即要泄矣。心想仍用拳术之法以化之，内中之意，虚灵下沉注于丹田，下边用虚灵之意，提住谷道，内外之意思，仍如练拳趟子一般。意注于丹田片时，阳即收缩，萌动者上移于丹田矣。此时周身融和，绵绵不断。当时尚不知采取转法轮之理，而丹田内，如同两物相争之状况。四五小时，方渐渐安静。心想不动之理，是余练拳术之时，呼吸二息仍在丹田之中。至于不练之时，虽言谈呼吸，并不妨碍内中之真息。并非有意存照，是无时不然也。庄子云："真人之气呼吸以踵"，大约即此意也。因有不息而息之火，将此动物消化,畅达于周身也。以后又如前动作,仍提在丹田,仍在练拳趟子,内外总是一气,缓缓悠悠练之,不敢有一毫不平稳处。动作练时,内中四肢融融,绵绵虚空,与前站着之景况无异。也有练一趟而不动者,亦有练两趟而不动者。嗣后亦有动时,仍提至丹田,而用练拳之内呼吸,转法轮用意主之于丹田,以神用息而转之。从尾闾至夹脊、至玉枕、至天顶而下,与静坐功夫相同,下至丹田,亦有至二三转而不动者,亦有三四转而不动者,所转者,与所练趟子消化之意相同。以后有不练之时,或坐立,或行动,内中仍用练拳之呼吸,身子行路亦可以消化矣。以后甚至于睡熟中忽动,动而即醒,仍以用练拳之呼吸而消化之。以后睡熟而内中不动,内外周身四肢忽然似空,周身融融和和,如沐如浴之景况。睡时亦有如此情形,而梦中亦能,用神意呼吸而化之,因醒后,已知梦中之情形而化之也。以后练拳术、睡熟时,内中即不动矣,后只有睡熟时,内外忽然有虚空之时,白天行止坐卧,四肢亦有发空之时,身中之情意,异常舒畅。每逢晚上,练过拳术,夜间熟睡时,身中发虚空之时多,晚上要不练拳术,睡时发虚空之时较少,以后知丹道有气消之弊病,自己体察内外之情形,人道缩至甚小,消除百病,精神有增无减。以后静坐亦如此。练拳亦如此。到此方知拳术与丹道是一理也。以上是余练拳术,身体内外之所经验也。故书之以告同志。

拳术至练虚合道,是将真意化到至虚至无之境。不动之时,内中寂然,空虚无一动其心。至于忽然有不测之事，虽不见不闻，而能觉而避之。《中庸》云："至诚之道，可以前知。"是此意也。能到至诚之道者，三派拳术中，余知有四人而已。形意拳李洛能先生、八卦拳董海川先生、太极拳杨露禅先生、武禹襄先生。四位先生皆有不见不闻之知觉，其余诸先生皆是见闻之知觉而已。如外有不测之事，只要眼见耳闻，无论来者如何疾快，但能躲闪。因其功夫入于虚境而未到于至虚，不能有不见不闻之知觉也。其练他派拳术者，亦常闻有此境界，未能详其姓氏，故未录之。

八卦劍學

序

古无所谓剑术也，自猿公教少女以刺击，而剑术始见于记载。其他如宜僚之弄丸，魏博之取合，似与剑术有关，然不传其术，无从加以评论。予幼好技击，苦无师承，清季觅食春明，见有所谓三才、纯阳、六合、太极、青龙诸剑名，心好之而终以为未至也。后获亲炙禄堂夫子，始得见所谓八卦剑者，窃以为叹观止矣。盖此剑脱胎于八卦拳术，左旋为阳，右旋为阴，于开合变化之中，见参互错综之妙，静则太极，动则爻变，究其神之所至即在不动时已含有静极而动之妙用。非所谓阴阳合撰者耶？禄堂师近复以所著八卦剑术见示，虽仅有八纲学者，如神而明之，则六十四卦之交错，无不寓于八纲剑之中，犹之八卦实原于乾之一画，是在学者体会已耳，自愧一知半解，未能阐发禄堂师之意爱，就所知者粗述之，附骥名彰抑亦鯫生之幸已。

民国十四年十二月（1925年12月）
岁次乙丑东台吴心谷拜序

自 序

八卦剑术传者佚其姓名，自董海川太夫子来京，始辗转相传，而八卦剑之名遂著。予亲炙程廷华夫子之门，廷华师固受业董太夫子者也。窃本得之廷华师者，因有此编之作请得而申其义焉。按八卦始于太极，由是而生两仪、生四象、生八卦，其本体则一太极也。吾人各有一太极之体，故此剑之左旋右旋、阴阳相生，实具太极之妙用，一动一静不离爻变极其变化神奇之功，终不外参互错综之理，故其外圆内方也，亦即圆以象天，方以象地之意也。伏羲之卦先天也，文王之卦后天也，盖先天者其体，后天者其用。剑之本体太极先天也，剑之纵横离合后天也。惟其有先天之用，故寂然不动。惟其有后天之功，故变幻莫测。分而为八，错成六十有四，而实具于太极之中，所谓散则万殊，合则一本也。自其用言之曰，八卦剑。自其体言之，实即太极剑也。学者明吾身在太极之中，循吾书而求之，自然领会。复次第作图以明之，以示途径。举一反三是在善悟者，至于神而明之，则又存乎其人已。

民国十四年十月（1925年10月）
岁次乙丑直隶完县孙福全自序

八卦剑学

目录

第一章　左右手纳卦诀……………………(340)

第二章　练剑要法八字……………………(341)

第三章　八卦剑左右旋转与往左右穿剑穿手之分别………………………………(341)

第四章　无极剑学……………………………(342)

第五章　太极剑学……………………………(343)

第六章　乾卦剑学……………………………(345)

第七章　坤卦剑学……………………………(348)

第八章　坎卦剑学……………………………(351)

第九章　离卦剑学……………………………(353)

第十章　震卦剑学……………………………(356)

第十一章　艮卦剑学…………………………(359)

第十二章　巽卦剑学…………………………(364)

第十三章　兑卦剑学…………………………(367)

第十四章　八卦剑应用要法十字…………(371)

第十五章　八卦剑变剑要言 ………………(373)

绪 言

　　是编名为八卦剑学，其道实出于八卦拳中，习者应以八卦拳为主，以八卦剑为辅。不独此剑为然，各派剑术亦莫不以拳术为其基础。拳谚云：精拳术者未必皆通剑法，善剑法者未有不精拳术，诚知言也。

　　是编发明此剑之性能纯以扶养正气为宗，内中奇异名目不过因形式而定，一切引证均与道理相合，而诸法巧妙亦寓于是。

　　是编剑法不务外观，但求真道，以期动作运用旋转如意。

　　是编剑术与易经、先天八卦、后天六十四卦、三百八十四爻，以至于变化无穷之理莫不相同。

　　是编剑术之作仅举八纲。八纲者，乾、坤、坎、离、震、艮、巽、兑八卦也，亦即八正剑也。至于变剑无穷，要不出乎八纲之外，而八纲又系乾坤二卦之所生，书内节目数十，虽即八纲之条理次序，实即衍此乾坤二卦也。

　　是编剑术练时，步法不外数学圆内求八边之理，勾股弦之式，其手法亦不外八线中弧弦切矢之道，立法如是，学者亦毋拘拘语其究竟，求我全体无处不成一个〇而已。

是编练法虽系走转圆圈，而方圆、锐钝、曲直，各式即含于其中，练至纯熟而后则纵横斜缠，上下内外联络一气，从心所欲，无入而不自得，无往而非其道矣。

是编标举八卦剑生化之道，提纲挈领，条目井然，由纳卦说起，至变剑要言终，是为全编条目。自虚无式起，至太极式终，为八卦剑基础。内中起止进退，伸缩变化一一详载，练时一动一静按照定法不使错乱，则此剑神化妙用之功庶几有得矣。

是编与他种剑术不同，名为走剑，又名转剑。或一剑一步，或一剑三四步，动作步法即是行走旋转。譬之丈径之圈，执剑不动，身体环绕或一周而返，或三五周而返，功纯者或数十周而返。他种剑术或刚或柔，或方或直，或纵或横，或成三角等形式，其步法剑法要不外乎一剑一步，或一剑二步，一剑三四步，或剑动步不动，数者与此旋转者不同，至其应用则亦有异。

是编剑术，初学须按式中步法规矩，若练之纯熟，步法或多或少无须拘定。至于剑中节次，亦为便于初学，不得不加分析，习而久之，始终只是一贯也。

是编每式各附一图，庶使八卦剑之原理及其性质藉以切实表现，用达八卦剑之精神及其巧妙，因知各剑各式实系互相联络合为一体，终非散式也。

是编附图均用照相纲目版，俾使学者得以模仿形式，实力做去，久之精妙自见，奇效必彰。世有同志者愿将此道极力扩充传流后世，不令淹没，庶不负古人发明此道之苦心，著者有厚望焉。

第一章　左右手纳卦诀

　　剑之动作运用与左右手之诀法，不外乎阴阳八卦之理，里裹外翻扭转之道，亦即阳极生阴阴极生阳之道也。右手执剑，手虎口朝上或向前谓之中阴中阳。自中阴中阳往里裹，裹至手心侧着谓之少阳。自少阳往里裹，裹至手心向上谓之太阳。自太阳再往里裹，裹至极处谓之老阳。又自中阴中阳往外扭，扭至手背斜侧着谓之少阴。自少阴扭至手背向上谓之太阴，自太阴再往外扭，扭至极处谓之老阴。再手中阴中阳，胳膊往下垂着，剑尖向前指着，或剑尖朝上皆谓之中阴中阳。剑从下边中阴中阳着往身后边去，剑尖向外着谓之老阴。右手在下边中阴中阳着，剑尖向前，手不改式，拉至后边，剑尖仍向前，此式仍谓之中阴中阳。手中阴中阳着自上边从前边往后边去，在前边剑尖向上谓之中阴中阳，剑尖向后并手向后边去，谓之老阳。手在上边，剑尖向后边，手亦在后边，手老阳着手不改式往前边来，剑尖仍指后着，此式仍谓之中阴中阳。此右手执剑之诀窍也。左手之诀窍，食、中二指与大指伸着，无名指与小指屈着，但非舞剑一定不易之诀，亦有五指俱伸之时，然亦因式而为。盖左手五指之伸屈，借以助右手运剑之用，不必格外用力，至其阴阳老少扭转之式，与右手相同，惟左手在头上太阴着，手腕极力塌住，谓之老阴。左手在右胳膊下边太阴着靠在右肋处，手腕极力塌住，亦谓之老阴，此左手之诀窍也。以上左右手之诀窍，学者要详细辨之。

第二章　练剑要法八字

走、转、裹、翻、穿、撩、提、按为练剑要法八字。走者，行走步法也；转者，左右旋转也；裹者，手腕往里裹劲也；翻者，手腕往外翻扭也；穿者，左右前后上下穿去也；撩者，或阴手或阳手望着前后撩去，或半弧或环形因式而出之也；提者，剑把往上提也；按者，手心里边向下按也。

第三章　八卦剑左右旋转与注左右穿剑穿手之分别

起点转法无论何式，自北往东走旋之不已谓之左旋；自北往西走转之不已谓之右转。凡穿剑穿手，往左右穿者，无论在何方，若往左胳膊或左足处穿剑、穿手或迈足者谓左穿左迈，往右胳膊或右足处或穿或迈者谓之右穿右迈。此左右旋转与左右穿剑、穿手、迈足之分别也。

第四章 无极剑学

剑学之无极者，当人执剑身体未动之时也。此时心中空空洞洞，混混沌沌，一气浑然，此理是一字生这〇。一字者，先天之至道，这〇者，无极之形式，是先天一字之所生。人生在世，未尝学技，动作自然是道之所行，是一字也。及手执剑正立，身体未动，是一字生这〇也。譬诸静坐功夫未坐之时，呼吸动作是先天，道之自然之所行，如同一字也。甫坐之时两腿盘跌，两目平视，虽未垂帘观玄，两手打扣，而心中空空洞洞，无思无想，一气浑然，如同〇也。及心神定住再扣手垂帘塞兑观玄，又如同这◉矣。所以剑学与丹道初无差别，分之则二，合而为一，是即剑学无极之理，天地之始也。丹书云：道生虚无，返回练虚合道。是此意也。学者细参之（此理大中秘窍言之）。

无极剑学图解

起点面正，身子直立，不可俯仰；两手下垂，两足为九十度之形式；右手执剑，手为中阴中阳之诀式，剑尖与剑把横平直；左手五指伸直，手心靠着腿。两手、两足不可有一毫之动作，心中空空洞洞，意念思想一无所有。两目望平直线看去，亦不可移转,将神气定住。此式自动而静,由一而生这〇,即为无极形式。内中一切情形与八卦拳学无异,此道执械则为剑,无械即是拳。所以八卦拳学于各种器械莫不包含,学者可与八卦拳并参之(图1)。

第五章 太极剑学

图1 无极图

太极者,剑之形式也。无极而生,乾坤之母,左转之而为乾象,右旋之而为坤形。剑之旋转是内中一气之流行也。此理是一字而生这〇,自这〇而又生①也,这①当中之一竖是由静极而生动,在人谓之真意,在丹道谓之先天,真阳一气为慧剑。在形意拳中谓之先天无形之横拳,在八卦剑中谓之太极。此式初动内虽有乾坤之理,外未具乾坤之象,所以谓之太极剑也。譬诸坐功由神气定住,再垂帘塞兑回光观玄之时。此时剑之初动是万物之母,是以此剑不必格外再用内功之气。剑之动作规矩法则,无不是内家拳术之道与丹道学之理。丹书云,慧剑可以消身内之魔,宝剑可以辟世上之邪。

太极剑学图解

起点先将腰塌劲,头往上顶住劲,两肩往下垂着劲，舌顶上腭，口似张非张，似吻非吻，鼻孔出气，呼吸要自然不可着意，两足亦往上蹬劲，诸处之劲皆是自然。用意不要用拙力，再将左手大拇指与二指、中指伸直，无名指与小指用力屈回，梢节与中节、根节直着，与中指相并，五指屈伸用力要均匀。左手之式并非与他剑捏诀相同。取其五指屈伸，左手不必格外用力，此式能助右手之剑屈伸往来变化之力，亦并非一定不易之规矩，有时亦可五指俱伸，因剑之形式而定，学者不可缪执。再将右足往里扭直，与左足成为四十五度之形式；两手自中阴中阳皆与右足往里扭时亦同时往外扭，扭至两手皆至太阴式停住；两胳膊仍靠着身子，再将两腿徐徐屈下，两腿里屈不可有死弯子，如图是也。右手之剑亦与两腿下屈时同时胳膊靠着右肋，剑尖往着左足尖前平着伸去，与左足尖前边成一交会线。手仍是太阴，剑把、剑尖与心口平；左手亦于剑动时手太阴着，同时胳膊靠着左肋，往右胳膊肘后下边穿去，手背挨着右胳膊，左胳膊靠着心口。两眼望着剑尖看去，将神气定住，头顶，两肩下垂有往回缩之意，皆是自然，不可用拙力，方可得着中和之气而注于丹田也（图2）。

图2 太极图

第六章 乾卦剑学

乾卦剑者，是从太极剑这①而生，后天有形。这○因此式有圆之象，有左旋之义，故名之为乾卦剑。

第一节 乾卦蛰龙翻身

起点先以两手上下分开，右手之剑往外扭至老阴，扭时带往上抬，抬至手背到头额处停住；剑尖仍与心口相平，此剑之理有动根不动梢之式，是此意也。左手亦于右手扭时同时往外扭至老阴，扭时胳膊靠着身子带往下伸，伸至小腹处停住；中、食二指指地，腰再往下坐，两腿再往下屈，头虚灵顶住，两肩亦往下垂住，左脚后根欠起，前脚掌着地，周身重心归于右腿，两眼仍视剑尖，如图是也(图3)。以上自两手分时，以至于左足根抬起，重心归于右足，动作俱是同时，要归成一气，所行皆是用意，动作要自然，不可拘滞。学者要心思会悟，身体力行，内中之理方可有得也。

图3 蛰龙翻身

第二节 乾卦天边扫月

将两手左右分开，右手执剑仍老阴着往上起过头，胳膊往上伸直，又往右边扫去，如一上半月形式。至右边，胳膊伸直。手往右边扫时，扫至手太阴着，手与右肩平停住。剑尖略比剑把仰高点。左手老阴着，与右手剑往上又往右边扫时，胳膊亦同时靠着身子往左边搂去，搂至手太阴与左膝相齐，上下相离四五寸许勿拘。左足亦于左手往左边搂时，同时极力顺着左手迈去，足落下地时，足尖往里扣着点停住。头虚灵顶住，两肩松开，腰塌劲，两腿里根均往里缩劲。顶松塌缩皆是用意不可用力。右边小腹放在右边大腿上。两眼看剑之中节。所动之形式如图是也。学者思悟明晓而后行之（图4）。

第三节 乾卦扫地搜根

随即将右手之剑手太阴转少阴，胳膊往下落，直着往左边扫去，剑离地高矮随便。右手自太阴转至太阳停住，肘靠着右肋前边，手比肘较低下点，剑在右足尖右边斜直着，

图4 天边扫月

剑尖与右胳膊肘成一斜三角形式；右足在剑动扫时同时迈至左足尖处，与左足成为倒八字形式，两足尖相离一二寸许勿拘。左手亦在右手剑动时同时直着往上抬起，自太阴转老阴，老阴又转至太阴，与头平，大指与左额角处相离二三寸许勿拘停住，胳膊为半月形式，两眼看剑

图5 扫地搜根

尖。腰塌，两腿里根缩力。头顶肩垂仍如前，惟是右手剑太阴着往左边扫时，两肩要松开，腹内亦要松空，停住之形式如图是也，此式学者要深悟之(图5)。

第四节 乾卦白猿托桃

随后再将右手之剑手太阳着，胳膊往前、往右转，连伸带转，伸去如C形式。手自太阳往里裹，裹至老阳剑刃上下着，手与口平，剑尖与右肘成一斜三角形式，剑把对左肘成一斜三角，胳膊如半月形式；腰随着剑转时亦同时向着右胯扭转，右腿里根极力往回缩，亦随着腰往右胯扭转。内中之意思，里腿根要圆，不要棱角，意如C之形式，两眼看剑尖。左手在剑动时亦同时手太阴着从头往外翻又往上伸去，伸至极处，手翻至老阴，手虎口亦对着剑尖，左

胳膊上节相离左耳一二寸许勿拘停住；再右足于剑动转时亦同时斜着往前迈去，落地之形式与左足成一斜长方形式，身形之高矮随便勿拘。两足相离之远近，总以再迈后足时不移动形式与内中之重心为至善处(图6)。此节之形式观图自明，将形式定住，再往左旋走去，旋转圆圈数目之多寡与地之宽狭不拘。乾卦剑之目次分成四节，形式虽停而意未停，练时总要一气贯串，不独此卦为然。至于他卦以至变卦剑亦如是也，学者要知之。

图6 白猿托桃

第七章 坤卦剑学

坤卦剑者，是从乾卦剑这个有形之〇，物极必反，阳极而生阴成为这●。乾卦剑是自老阴旋转而至老阳，故为这〇。坤卦剑是自老阳旋转而至老阴，故为这●。所以此式与乾卦剑有左右旋转之形式。彼左阳旋取乾之名，此右阴转定名坤卦。

第一节 坤卦日月争明

起点从白猿托桃旋转时，右足在前微停，即将左足往右足尖迈去，与右足成一倒八字形式；右手剑自老阳往外翻，往下落如扫下半弧线，翻至右边，手至太阴停住，剑把与剑尖相平直，手与右足尖上下相齐，手高矮与心口平，剑往下扫时离地高矮勿拘。右足于右手剑动时同时迈至右边，落地之形式与左足成一大斜长方形式，两足相离之远近，以右胳膊伸直、手与右足尖上下成一直线为度。再左手自头上老阴着，于右手剑翻动时顺着左边身子往下落，自老阴往里裹，连裹带落，手至太阴，手虎口与左肋平，相离二三寸许勿拘；胳膊半月形式停住，两眼看剑吞口前三四寸许勿拘。两腿里屈仍是半月形式，两腿里根松开劲，小腹如放在右腿根上之意，两肩亦松开劲，腰仍塌住，头虚灵顶住，停住之形式如图是也（图7）。

第二节 坤卦流星赶月

再将右手剑太阴着往右边提转，转至右手

图7 日月争明

高与鼻平，手仍太阴着，剑尖与腿根平，胳膊略微弯屈点。左手太阴着，于右手剑动转时同时往里裹，靠着左肋往右胳膊里根连穿带裹穿去，至右胳膊里根手太阳着停住。左足与左手亦同时往前迈去，至右足尖处与右足成一倒八字形式，两腿弯屈着。右手剑提转时，身子并腰与右腿根同时往右转，不惟剑转也。两眼看右手停住之形式如图是也。头顶肩垂腹松裆开腿根缩劲塌腰皆如前（图8）。

图8 流星赶月

第三节 坤卦青龙返首

再将右手剑太阴着往外翻，又往左边如扫横弧线，又极力往前穿去，手至老阴，手高与头平，手背离头二三寸许勿拘停住。剑尖与左胯相平，左手太阳着，与右手剑同时翻至老阴，手腕塌住，往前伸直，胳膊仍靠着身子。左足于右手剑穿时亦同时往外迈去（足左边为外），落地与右足成一斜长方形式，身子形式高矮勿拘。两眼看剑尖。转动时，腰与左腿根同时往左边扭转，停住之形式如图是也（图9）。内外一切之动仍如前，微停再往右旋转走去，旋转一周或两周

或数周勿拘。圈之大小亦勿拘。转法与乾卦白猿托桃法相同，彼是手老阳着，此是手老阴着，彼是往左旋转，此是往右旋转，旋转之数虽多寡不拘，但此剑之效力，惟在左右变换旋转，总期旋转之数多多益善。此节与本卦第一节虽分三节亦是一气串成，形虽停而意未停。学者要知之。

图9 青龙返首

第八章 坎卦剑学

坎卦者，水之象也。剑之形式如流水顺势之意，故名为坎卦剑也。内中有扫托之式，又有换式截抹之法，于此剑中用之变换最巧者也。

第一节 坎卦天边扫月

从坤卦青龙返首式，将左足在前边，随即再将右足迈至前边，落地与左足成一倒八字形式。随后将右手剑老阴着，胳膊直着往右边扫去，如扫上半月形式至右边，胳膊直着手往里裹，扫时扫至手太阴。手与右肩平停住，剑尖略比剑把仰高点。左手老阴着，于右手剑往里裹扫时，胳膊同时靠着身子从右肋往下又往左边搂去，搂至手太阴与左膝相齐，上下相离四五寸许勿拘。左足于左手往左边搂时亦同时极力顺着左手迈去，足落地足尖往里扣着点，两眼看剑之中节。停住之形式一切之劲性与乾卦二节式相同（见图4）。

第二节　坎卦仙人背剑

即将右手剑太阴着往里裹扫，又往上提裹至右手老阳与头平，右手相离头左边四五寸许勿拘。剑刃与右肩尖上下相齐，两眼回头看剑尖里边五六寸许勿拘。右足于右手剑裹时同时往左足尖处迈去，落地与左足成一倒八字形式。左手太阴着，在右手剑动时亦同时回到腹处，大指根靠着脐处，手腕塌住劲，两腿弯屈着，身子高矮勿拘，停住之形式如图是也。塌腰顶头缩腿根之劲仍如前（图10）。

第三节　坎卦仙人换影

即将右手剑老阳着从右边往上抬起，过头再往里裹扫，如扫一上半小弧线，裹至头左边手至太阴再往下落，落在左胳膊下节中间上边；右手相离左胳膊肘

图10　仙人背剑

前边二三寸许勿拘，手由太阴至中阴中阳，又由中阴中阳翻至少阴停住。身子并腰如螺丝意，于剑裹落时同时往左边扭转，剑尖高与眼平，又剑尖与左胯尖并左肩尖相对。两眼看剑尖里边三四寸许勿拘。左手太阴着，于右手剑动时，同时从脐处胳膊靠着身子往右肋处极力

图11 仙人换影

伸去，手背挨着右肘后边停住。左足于右手剑裹落时亦同时往左边直着迈去，落地与右足成一斜长方形式，两足相离远近勿拘。盖身式高矮既不拘定，故两足距离亦因而勿拘，初学之形式高矮如图可也。停住一切之劲并精神贯注、气归丹田之理仍如前（图11）。

第九章 离卦剑学

离卦者属火也，空中之象也。于此离卦剑式之中有脱换、搜抹、虚空、灵妙之法，故取名为离卦剑也。

第一节 离卦日月争明

起点从白猿托桃式，右足在前微停，即将左足往

图12 日月争明

右足尖处迈去，与右足成一倒八字形式。右手剑自老阳往外翻着往下落，如扫一下半弧线，翻至右边，手至太阴停住。剑把与剑尖相平直，手与右足尖上下相齐，手之高矮与心口平。剑往下扫时，右足同时迈至右边，落地之形式与左足成一大斜长方式，两足相离之远近，以右胳膊伸直，手与右足尖上下成一直线为度。再左手自头上老阴着，在右手剑动翻时，顺着左边身子往下落，自老阴往里裹，连裹带落，手至太阴，手虎口与左肋平，相离二三寸许勿拘，胳膊半月形式停住，两眼看剑吞口前三四寸许勿拘。一切之形式与坤卦剑第一节式均相同(图12)。

第二节 离卦白猿偷桃

再将右手剑太阴着，胳膊直着往外翻扭，又往上起翻扭至手老阴，与头平，手背离头三四寸许勿拘，剑尖与左胯成一平直线。左手太阴着，在右手剑往外翻扭时，同时往里裹，靠着左肋往右胳膊下节中间极力穿去，至手太阳与心口平。左足于左手穿时亦同时迈至右足尖处，与右足成一倒八字形式。两眼看剑尖里边四五寸许勿拘，两腿弯屈着停住之形式如图是也。一切之劲仍照前（图13）。

第三节　离卦仙人脱壳

再将右手剑老阴着从头前往上起，又往外翻扭到极处，手至太阳又从头上往右边，胳膊直着，如返扫弧线往右胯前边落下去，手至少阳，胳膊仍直着，手与右腿里根平，手离腿根远近，以手与右足尖在一圆弧线上为度。剑尖与右肩尖成一平线。两眼再看剑尖里边六七寸许勿拘。翻身之时眼看着剑过来，腿根与腰亦同时向右扭转。左手太阳着，于

图13　白猿偷桃

图14　仙人脱壳

右手剑往上起时同时往外翻扭，又往上起至头上，胳膊伸至极处，手转至老阴，手虎口对着右手。左胳膊之形式与白猿托桃左胳膊形式相同。右足于两手动时

亦同时往右边迈去，落地与左足成一斜长方形式，两足相离之远近勿拘，形式高矮亦勿拘，初学时远近高矮照图形式可也。内中一切之情形与八卦拳学大蟒翻身意思相同。形式虽分三节，内中之神气务要一贯。学者要知之(图14)。

第十章　震卦剑学

震卦者，动之象也。在卦则为雷，在五行则属木，有青龙之象。在剑学则有直穿、斜穿，上、下、左、右穿刺之形式。因有穿刺之法，则故取名为震卦剑，木形之理也。

第一节　震卦白蛇伏草

起点从坤卦青龙返首式。右手剑老阴着，左足在前，随即将右足迈在左足尖处，两足成一倒八字形式，再将右手剑从老阴往里裹，又往下落裹至手中阴中阳，胳膊半月形式，手离右腿根四五寸许勿拘，剑与右腿根相平，剑离身之远近一二寸许勿拘。左手从右肋老阴着，于右手剑往里裹时同时转太阳，靠着身子往下伸直，又往左边搂去，搂至胳膊伸至极处，手至老阴，手与剑尖相平成一直线。左足于左手往左边搂时亦同时往左边迈去，落地两足相离之远近，以左足尖与左手梢上下相齐为度。两腿弯屈，下腰塌住劲，身子往前俯着点，俯至左边小腹放在左大腿根上之意，两眼看左手中二指梢，停住之形式如图是也(图15)。

第二节　震卦潜龙出水

起点即将左足抬起，不可高，极力往外扭，落地足尖向外。右手剑中阴中阳着往前直着穿去，穿至极处，再按把，剑尖随着往上抬起，起至剑尖与把上下相直，剑尖微往外坡着点，胳膊直着。右手之高矮与左手相平。右足于右手剑穿时同时往前迈去，足尖往里扣着落地，与左足尖成一倒八字形式。此式两足尖相离略远点，大约五六寸许勿拘。再左手老阴着，于右手剑动穿时亦同时往心口下边来，从老阴裹至太

图15　白蛇伏草

图16　潜龙出水

阴，拇指根陷坑靠住身子心口下边。两眼于剑往前穿时看剑尖，俟剑尖抬起停住时看剑半腰中上下勿拘。腰塌住劲，两腿弯屈着。停住之形式如图是也(图16)。

第三节　震卦青龙探海

将右手剑中阴中阳着往外翻扭，又往上起，望着右眉处而来，至眉处手转成老阴剑尖从上边往左边来，从眉前斜着往前又往下极力探去，右手仍是老阴着，手与心口相平，剑尖与左足成一平线。再左手太阴着，于右手剑动时同时往里裹，裹至手太阳，俟右手至眉处往前探时，亦同时手太阳着，胳膊挨着身子从心口处往上穿去，手至头正额处往外翻扭，扭至老阴，胳膊过头伸至极处停住。左足于剑探时并左手往上穿时亦同时往上提起，脚面腆着，足心在右膝上边挨住。腰塌住劲，两腿里根缩住劲，身子微往前俯着点，两眼看剑尖。停住之形式如图是也（图17）。此式亦是一二三节合成一气练之。譬如坤卦初变震次兑次乾，虽然形式变化有三，内中实是一气贯串。八卦剑形式变化亦然，无论何卦，剑之形式外边虽分节次，内中亦皆是一以贯之也。学者要细悟之。

图17 青龙探海

第十一章 艮卦剑学

艮卦者，山之象也。艮其背不获其身行其庭不见其人，此剑有止而不进之意，又有退藏之形，故取名为艮卦剑。昔人云：缩身藏于剑之下，有见剑不见人之意是此义也。

第一节 艮卦黑虎出洞

起点从坤卦剑末节返首剑。手老阴着，左足在前，随即将右足迈在左足尖处，与左足成一倒八字形式。微停，即将右手剑从老阴往里裹，又往下落，裹至手中阴中阳、胳膊半月形式，手离右腿根四五寸许勿拘，剑与右腿根相平，剑离身之远近一二寸许勿拘。左手从右肋老阴着，在右手剑往里裹时同时转太阴，靠着身子往下伸直，又往左边搂去，搂至胳膊伸至极处，手至老阴，手与剑尖相平成一直线。两眼随着看左手中二指梢。左足在左手往左边搂时往左边迈去，落地两足相离之远近，以左足尖与左手梢上下相齐为度。此时与白蛇伏草式相同，往下则不同矣。式不停，随即将右手中阴中阳着极力平着往前刺去，剑之高矮以剑尖剑把与心口平。两眼俟剑刺出看剑尖。左手从老阴着，在右手剑刺时同时转太阴，又与剑刺至极处时亦同时五指伸开扣在右手腕上。前左膝极力往前攻，右腿极力蹬直，左边小腹放在左边大腿根上，腰塌住劲，头顶，两肩往回缩住劲，身子微往前俯着点，停住之形式如图是也(图18)。

第二节　艮卦白蛇吐信

将右手剑中阴中阳着往下按剑把，剑尖往上起，一条弧线着往右边来，从左边至右边成一半月形式，右胳膊屈回时，靠至右肋，右手转为老阳，右手离胸前一二寸许勿拘，剑尖与剑把平直。再左手太阴着，在右手按剑把时同时往里裹，裹至太阳，再从右手腕里边，胳膊靠着身子往外扭，又往下穿去，至左腿根手转成太阴。左足在右手剑往右边歪时亦同时扭足根，足尖往里扣。此时之形式似停而未停，右手剑仍老阳着往前刺去，胳膊伸至极处，手之高矮与上胸平。两眼看剑尖。左手太阴着在剑往前刺时亦同时往左边搂去，胳膊伸至极处手转成老阴，手高矮与左肋下窝平。两腿弯屈着，停住之形式如图是也(图19)。

第三节　艮卦青龙截路

将右手剑老阳着往外翻扭，扭至太阴，胳膊直

图18　黑虎出洞

图 19　白蛇吐信　　　　图 20　青龙截路

着，手与右足尖前上下相齐，右手高矮与胸前平，剑尖与左肩成一平线亦勿拘。两眼看剑当中勿拘。右足于右手剑往外翻扭时同时足尖往外摆，落地与两足八字形相似。左手老阴着，于右手剑翻时亦同时往里裹，胳膊屈回，手裹至太阳，靠住左肋。两腿屈下，两腿根缩住，腹内要松空，停住之形式如图是也（图20）。

第四节　艮卦白猿偷桃

再将右手剑太阴着，胳膊直着往外翻扭，又往上起，翻扭至手老阴，手与头平，手背离头三四寸许勿拘，剑尖与左胯成一平直线。左手太阳着，从左肋在右手剑往外翻扭时同时靠着身子往右胳膊下节中间极力穿去，穿至极处，手仍太阳着，手与心口平。左足于左手穿时亦同时迈至右足尖处，与右足成一倒八字形式。两眼看剑尖里边四五寸许勿拘，两腿弯屈着，停住之形式如图是也（图21）。

图21 白猿偷桃

第五节 艮卦仙人入洞

再将右手剑老阴着从头前往上起，又往外翻扭到极处，手至太阳，又从头上往右边，胳膊直着如返扫弧线往右边落下去，胳膊伸至极处，手至少阳，与小腹平，手离小腹尺许勿拘。身子于右手剑扫时同时往右边扭转，两眼看剑当中上下勿拘，剑

图22 仙人入洞

尖与右足尖相平直勿拘，剑尖又与右肩成一斜直线。右足于右手剑往下落时同时极力提起，起至足心挨着左膝上边，脚面䐐着。左手太阳着，于右手剑往上起

时，同时往外翻扭，又往上起至头上，胳膊伸至极处，手转至老阴，手拇指根对着右手。左胳膊之形式与白猿托桃左胳膊动作相同。左腿弯屈着，两腿里根往里缩劲。腰塌住劲，身子微往前俯着点，停住之形式如图是也(图22)。

第六节　艮卦日月争明

将右足往右边迈去，落地足尖直着微往里扣着点，与左足成一大斜长方形式。右手剑自少阳着，于右足迈时同时往外翻扭，胳膊直着往下边如扫下弧线翻至右边，手至太阴停住，剑把与剑尖相平直。手与右足尖上下相齐，手高矮与心口平，剑往下扫时离地高矮勿拘。再左手自头上老阴着，于右手剑动翻时，顺着左边身子往下落，自老阴往里裹，连裹带往下落，手至太阴，手虎口与左肋平，相离二三寸许勿拘，胳膊半月形式，手腕往后撑着劲停住。两眼看剑吞口前三四寸许勿拘。一切之形式、劲性与坤卦第一节形式相同(图23)。

第七节　艮卦流星赶月

再将右手剑太阴着

图23　日月争明

往右边提转，转至右手高与鼻平，手仍太阴着，剑尖与腿根平。胳膊略微弯屈点。左手太阴着，于右手剑动转时同时往里裹，靠着左肋往右胳膊里根连穿带裹穿去，至右胳膊里根，手太阳着停住。左足与左手亦同时往前迈去，至右足尖处与右足成一倒八字形式，两腿弯屈着，右手剑提转时，身子并腰与右腿根同时往右转，不只剑转也。两眼看右手。停住之形式与各处之劲，与坤卦第二节相同(图24)。

图24 流星赶月

第十二章　巽卦剑学

巽卦者，风之象也。在天为风，在人为气，在卦为巽。巽卦剑有顺旋逆返之式，回风混合之理，有散，有收。因有风之理，故名为巽卦剑也。

第一节　巽卦叶里藏花

起点白猿托桃式。右足在前，即将左足迈在右足尖处，与右足成一倒八字形式停住。再将右手剑老阳着往外翻扭，扭至手太阴，右足在右手剑往外翻扭时同时往右边迈去，落地足尖往外摆着。身子在剑往外翻时同时往右边扭转。右手靠着左肋，剑平直着，剑之所指与左足根上下成一直线。左手在右手剑往外翻扭时，亦同时老阴着往里裹，又往下落，裹至手太阳，胳膊直着，高与心口平。两腿屈下，两腿里根缩住劲。腹内松空着，两眼顺着右肘往前平着看去，停住之形式如图是也（图25）。

图25 叶里藏花

第二节 巽卦叶里藏花

右手剑与左手不动，将左足迈至右足尖处，与右足成一倒八字形式。两腿屈着，塌腰、缩腿里根，一切之劲仍如前，两眼仍顺着右肘往平看去，停住之形式如图是也（图26）。

图26 叶里藏花

第三节　巽卦叶里藏花

再将右足往右边摆着迈去，落地直着，足尖微往里扣着点，两足之形式仍与斜长方形式相似勿拘。随即右手剑太阴往右边横平着扫去，身子于剑往右边扫时同时往右边扭转，剑扫至与左足根上下为一平线，手仍太阴着。两眼看剑尖。左手太阳着，于右手剑往右边扫时同时与右手左右分开，胳膊伸至极处，手仍太阳着与右手左右相平。腹内松空，神气定住，两腿屈着。停住之形式如图是也(图27)。

图27　叶里藏花

旋转之形式自一节起，左足扣右足往外摆至二三节，两足之形式皆是从圆圈外边 ⁊○ 摆扣，不往圈里边去。学者要知之。

第四节　巽卦猛虎截路

两足不动，即将右手剑太阴着往里裹，又往上起，起至与头平，手裹至老阳，右手离头五六寸许勿拘，剑在两腿中间，剑尖与后腰平勿拘。左手太阳，于右手剑往里裹时同时往外翻扭往脐处来，胳膊靠着身子，两眼看剑当中勿拘，此式似停而未停，即将头与身子扭转左边来。右手剑老阳着，胳膊伸直，于身扭转时同时往里裹，从头上如扫弧线，扫至左边来，手裹至老阴，手高与头平。右手离头五六寸许勿拘，剑尖仍与后腰平直勿拘，两眼看剑尖或剑尖里边勿拘。左手太阴着，胳膊靠着身子，于右手剑往左边裹时亦同时往右肋伸去，伸至老阴，拇指根靠着右肋，两腿弯屈着，腹内松空，气沉丹田，停住之形式如图是也（图28）。再走右手剑往外扭转，仍老阴复于青龙返首之式，往左旋走去，走时先迈左足。

图28 猛虎截路

第十三章 兑卦剑学

兑卦者，泽之象也，有金之义焉。此式剑中，有刷撩之法，又有劈剁之形，有搜捉之理，皆刚属之义，故名为兑卦剑也。

第一节 兑卦刷膀

起点乾卦白猿托桃式。右足在前，即将左足迈至右足尖处，与右足成一倒八字形式。右手剑老阳着，在右足迈时同时往左膀尖外边刷去，胳膊伸直往下落去，胳膊靠着身子，右手剑中阴中阳着，手挨着左腿里根，剑尖与左肩平勿拘，两眼看剑尖或剑尖里边勿拘。左手老阴着，从头上在右手剑动时同时往里裹，又往下落，落至脐处，手至中阴中阳，不停，即速肘靠着左肋，手心挨着身子，在右手剑刷时同时往上穿去，穿至中二指与头齐，手太阳着（手心对面即是太阳），两腿屈下，腰塌住劲，两腿里根往回缩住。停住之形式如图是也（图29）。

图29 刷膀

第二节 兑卦回马剑

将右手剑中阴中阳着，胳膊直着从左腿根处如走弧线往右边又往上提去，提至右手与胸平，手至老阴，剑尖往前斜指着，剑尖高与膝平勿拘，此式有撩剑之意，两眼看剑尖处。左手太阳着，从头前在右手剑往右边提时，同时顺着身子往下落，落至脐处，手心挨着身子。右足在两手动时亦同时往前迈去，落地足尖微往外扭着点，步之大小不可有意，务要腿往前迈时与平常行路一样自然，不可勉强。停住之形式如图是也(图30)。

第三节　兑卦回头望月

将右手剑老阴着，直着胳膊往上提起，起至头上，手仍是老阴，自头上不停，再往右边身后劈去，胳膊伸至极处，手中阴中阳着，剑尖往外仆着点，手高与胸平。两眼看剑中间勿拘，剑往后边劈时，剑尖走一条上弧线，自前边往后边劈过。身子与剑往后劈时，同时往右边扭转。左手中阴中阳着，从脐处于右手剑往上提时，同时往前又往下斜着伸去，伸至极处，手与腿根平，此时右手到头上，右手剑在往后边劈时，左手亦同时再往上起，起至高与右手前后相平，手至太阴停住。再左足于右手剑往上提时同时迈至前边

图30　回马剑

图31　回头望月

落地，足尖直着微往外摆着点，右足在右手剑从头上往后边劈时亦同时迈至前边落地，足尖往外摆着，两腿微弯屈着点。迈左右足时均要自然，意与行路无别。停住之形式如图是也（图31）。

第四节 兑卦仙人钓鱼

随即将右手剑中阴中阳，胳膊直着如画弧线往下落，落至离右胯六七寸许勿拘，剑刃亦直着往下落，落至剑尖与剑把相平，剑尖往下低点亦勿拘。左手太阴，胳膊直着亦如画弧线，在右手剑往下落时同时往上起，起至手过头仍是太阴，与右手上下前后成一斜直线。左足在两手动时亦同时往前迈去落地，足尖极力往外摆着，形式不可停。再将右手剑中阴中阳着从右胯后边如画下弧线往前边撩去，撩至手老阳，手高与胸平，剑尖与右肋平，两眼望着右手前边看去。左手太阴着，在右手剑往前边动作撩时同时往外扭，扭至老阴，如画上弧线往左边来，又往下落，落至与右手相平，胳膊直着，手又转至太阴。右足在两手动时亦同时迈至前边落地，足尖极力往里扣着，与左足成倒八字形式，此倒八字形式，两足尖要相离四五寸许勿拘。再将右手剑老阳着，胳膊直着如画上弧线，从右边往左边斫去，胳膊伸至极处，手中阴中阳着，右手高与心口下脐上相平亦勿拘，身子在右手剑往左边斫时同时向左扭转。两眼看剑尖处。再左手太阴着往里裹，在右手剑动时同时到小腹处，手心挨着身子，又从小腹处在剑往下斫时同时顺着身子往上去，胳膊伸至极处，手扭成老阴。再左足于右手剑往左斫时亦同时极力抬起，脚面腆着，足心挨右膝上边，两腿里根往里缩住劲，头顶劲，身子微往前俯着点，右腿略有屈之意思。停住之形式如图是也（图32）。此四节虽有停住形式，亦要一气贯串。学者要细参之。

图32 仙人钓鱼

第十四章　八卦剑应用要法十字

挑、托、抹、挂、刷、搜、闭、扫、顺、截。

挑者，手老阴着如青龙返首式，往前去挑住敌人之手腕或胳膊，皆可谓之挑。

托者，手老阳着如白猿托桃式，往前去托住敌人之手腕或胳膊，俱是谓之托。挑时多在敌人剑里，托时多在敌人剑外。

抹者，将敌人之手腕或胳膊用剑挑住或托住后，身形与剑或左或右走去，是谓之抹。

挂者，敌人之剑已及己腕或斫己身右边时，用剑迎在敌剑上边，屈回胳膊，缩回身体，与剑一气往回带敌之剑，随带随出，看势击敌，是之谓挂。

刷者，敌人用手托往左臂或剑将及左臂时，即将左胳膊往右胳膊下边伸去，用剑往左肩前边斫去，是谓之刷。

搜者，敌人之剑或斫我上或斫我下，我之剑意在敌先，望敌手腕或左或右似削物，然速去速回，倏忽若电，是之谓搜。

闭者，敌人之剑将出而未出之时，即速用剑堵住敌手，不令出剑，此之谓闭。

扫者，上下扫也。敌腕被我用剑挑住，彼欲变法，我速用剑缠绕彼腕，令彼欲变不得，是谓上扫；敌剑斫我里腕或外腕时，即速缩身下式，或左或右用剑望着敌人之腿如扫地一般斫去，谓之下扫。

顺者，敌剑望我击来，我顺彼势随之引出，或敌剑将要抽回，我顺彼势随之送入，皆谓之顺。用此字时，不可强硬，进退均以意为之。

截者，敌剑击来，我速用剑挡住敌腕或剑，令彼不能得势，无分上中下三路，均谓之截。

上十字者即此剑应用之要法也。虽云要法，然用时亦必内而神意，外而手足，与剑合为一体方可应用，咸宜变化无穷。

第十五章　八卦剑变剑要言

八卦剑之道，有正剑，有变剑。正剑即体剑也，亦即八纲剑也。变剑者自八纲剑互相联合，错综变化而生无穷之形式也。譬之易卦，伏羲八卦为先天卦，是体卦也，文王六十四卦为后天卦，是变卦也，至于周公三百八十四爻，则又变中之变也。或曰是剑既有变化之道，自应与正剑一体为之图，为之解，以贻后学，俾免失传。奈何是编仅举八纲而不及其变乎，曰：是难言也，鄙意亦何尝不尔，惟是此剑之理虽与易道变化相同，然此剑形式之变化则与易道有异。易卦形式之变，乾变坤，坤变乾，泰变否，否变泰或上变而下不变或下变而上不变，或上下不变而内卦变。内中之理无论如何变化，外形固皆有迹象之可寻。是剑之变化则不然也。例如乾卦剑中白猿托桃一式，身形不动是此式身形高矮不同，仍是此式，走转一步是此式，走转无数步亦是此式，故剑变身不变者有之，身变剑不变者有之。手与剑不变而足变者固谓之变身剑，手足皆不变，惟眼神所注上下左右有所移换，则亦变也。其变化之至微妙者外形完全不变，而内中之意变亦不得不谓之变也。一身之变化与天地生物不测之意正同，则其式宁可数计，若为图解，既非若卦画之简易易明则仍难免挂一漏万之诮。是以提纲振领，仅举正剑之形，不及变剑之式，然学者即身体验时习力行求其正，即以达其变，见仁见智，识大识小，亦各存乎其人，久久精纯，道理自得，充于中，形于外，从心所欲，罔或踰矩，静则存动，变则变而至于化，化而通于神，正剑云乎哉，变剑云乎哉。

详论形意八卦太极之原理

拳术之荦荦大者，约分三派，一少林，二武当，三峨眉。其余门类繁多，大半不出此范围。少林始于达摩之易筋、洗髓两经。至有宋岳武穆，始有形意拳之名，即易筋之作用也，谓之形意。形即形式，意即心意，由心所发，而以手足形容也。其拳有五纲十二目。五纲者，金、木、水、火、土，五行也。而拳中有劈、崩、钻、炮、横之五拳。十二目者，即十二形也，有龙、虎、猴、马、鼍、鸡、鹞、燕、蛇、鸰、鹰、熊是也。其取此十二形者，即取此性能，而又能包括一切，所谓尽人之性，则能尽物之性。何以知其然也？劈拳属金，在人属肺；崩拳属木，在人属肝；钻拳属水，在人属肾；炮拳属火，在人属心；横拳属土，在人属脾。练之既久，可以去五脏之病，此谓居人之性也。至若龙有搜骨之法，虎有扑食之猛，猴有纵山之灵，熊有浮水之性，推之其他八形，各有其妙，所谓居物之性也。人、物之性既居，起落进退、变化无穷，是其智也。得中和、体物不遗，是其仁也。心与意合、意与气合、气与力合，为内三合。肩与胯合、肘与膝合、手与足合，为外三合。内外如一，成为六合，是其勇也。三者既备，动作运用，手足相顾，至大至刚，养吾浩然之气。与儒家诚中形外之理，一以贯之。此形意拳之大概也。

八卦拳始于有清咸同之季。直隶文安董海川先生，漫游南省，于皖属渝花山得异人之传。谓之八卦者，由无极而太极，太极生两仪，两仪生四象，四象生八卦，参互错综。拳，既运用八卦之理。何以言之？今腹为无极，脐为太极，肾为两仪，两臂膊与腿为四象，其生八卦者，两臂与腿曲之为八节。共生八八六十四卦者，两手十指每指三节，惟大拇指系两节，八指共二十四节，加两拇指四节，为二十八节，加两足二十八节，为五十六节，又加两臂两腿之八节，为六十四节。故六十四卦为拳之体，体为三百六十四爻，则互为其用也。每爻有每爻之意，阳极而阴，阴极而阳，逆中行顺，顺中用逆，求其中和，气归丹田。含有静极而动，动极而静之意。上下相通是为内呼吸。此拳与道家功夫相表里。不特此也。乾坤坎离等卦，或为龙，或为马，或为牛，皆取象于物。心在内，而理周于物，物在外，而理具于心。近取诸身，远取诸物，奇正变化，运用不穷。而又刚柔相济，虚实兼到。空而不空，不空而空。此八卦拳之妙用也。

太极拳发明于张三丰祖师，尽人知之。惟练此拳之起点，当先求一个不偏不倚、不上不下、至简至易之道。拳经云：抱元守一而虚中。虚空而念化。实其腹而道心生，即此意也。太极从无极而生，为无极之后天，万极之先天，承上启下。能与天地合德，日月合明，四时合序。与鬼神合其凶吉。练到至善处，以和为体，和之中智勇生焉。极未动时，为未发之和，极已动时，为已发之中。所以拳术一道，首重中和。中和之外，无元妙也。故太极拳要纯任自然，不尚血气。以蓄神为主。周身轻灵，不即不离，勿妄勿助，内天德而外王道，将起点之极，逐渐推之，贯于周身，无微不至。易曰：黄中通理，正位居体。即此意也。昔年曾闻之云：此起点之极，与丹道中之元关相同。鄙人研究数十年，不敢云确有心得，然考其本源，实与形意八卦其理相通。不过名称与形式之动作不同耳。至若善养气练神，则初无少异。比之，形意地也，八卦天也，太极人也。天地人三才合为一体，浑然一气，实无区分。练之久，而动静自如，头头是道。又何形意、八卦、太极之有哉！至峨眉派，传之梅花八式。志公禅师亦重养气之功。兹不必更赘也。

孙禄堂　1932年10月

论拳术内家外家之别

孙禄堂

今之谈拳术者，每云有内家外家之分。或称少林为外家，武当为内家，在道为内家；或以在释为外家，其实皆皮相之见也。名则有少林、武当之分，实则无内家外家之别。少林，寺也；武当，山也；拳以地名，并无轩轾。至竟言少林而不言武当者亦自有故。按少林寺之拳，门类甚多，名目亦广，辗转相传，耳熟能详。武当派则不然，练者既少，社会上且有不知武当属于何省者，非予之过言也。浙之张松溪非武当之嫡传乎？至今浙人士承张之绪者，何以未之前闻也？近十年来，人始稍稍知武当之可贵矣。少林、武当之一隐一现者其故在此。安得遽分内外耶！或谓拳术既无内外之分，何以形势有刚柔之判？不知一则自柔练而致刚，一则自刚练而致柔，刚柔虽分，成功则一。夫武术以和为用，和之中知（智）勇备焉。予练拳术亦数十年矣。初亦蒙世俗之见，每日积气于丹田，小腹坚硬如石，鼓动腹内之气，能仆人于寻丈外，行止坐卧，无时不然。自谓积气下沉，庶几得拳中之内劲矣。彼不能沉气于丹田小腹者，皆外家也。一日，山西宋世荣前辈，以函来约，余因袱被往晋。寒暄之后，因问内外之判，宋先生曰："呼吸有内外之分，拳术无内外之别。善养气者即内家，不善养气者即外家。故善养浩然之气一语，实道破内家之奥义。拳术之功用，以动而求静，坐功之作用，由静而求动。其实动中静，静中动，本系一体，不可歧而二之。由是言之，所谓静极而动，动极而静，动静即系相生，若以为有内外之分，岂不失之毫厘，差以千里。我所云呼吸有内外者，先求其通而已。通与不通，于何分之？彼未知练拳与初练拳者，其呼吸往往至中部而止，仍行返回，气浮于上，是谓之呼吸不通。极其蔽则血气用事，好勇斗狠，实火气太刚过燥之故也。若呼吸练至下行，直达丹田，久而久之，心肾相交，水火既济，火气不致炎上，呼吸可以自然，不致中部而返。如此方谓之内外相通，上下相通，气自和顺，故呼吸能达下部。气本一也，误以为两个，其弊亦与不通等。子舆氏曰：'求其放心，放心收而后道生。'亦即道家收视返听之理。"余曰："然则鄙人可谓得拳中之内劲乎？盖气已下沉，小腹亦坚硬如石矣。"宋先生曰："否！否！汝虽气通小腹，若不化坚，终必为累，非上乘也。"余又问何以化之？先生曰："有若无，实若虚。腹之坚，非真道也。孟子言：'由仁义行，非仁义行也。'《中庸》极论'中和'之功用。须知古人所言，皆有体用。拳术中亦重中和，亦重仁义。若不明此理，即练至捷如飞鸟，力举千钧，不过匹夫之勇，总不离夫外家。若练至中和，善讲仁义，动则以礼，见义必为，其人虽无百斤之力，即可谓之内家。迨养气功深，贯内外，评有无，至大至刚，直养无害，无处不有，无时不然，卷之放之，用广体微。昔人云'物物一太极，物物一阴阳。'吾人本具天地中和之气，非一太极乎。《易经》云：'近取诸身，远取诸物。'心在内而理周乎物，物在外而理具于心，内外一理而已矣。"余敬聆之下，始知拳道即天道，天道即人道。又知拳之形势名称虽异，而理则一。向之以为有内外之分者，实所见之不透，认理之未明也。由是推之，言语要和平，动作要自然。吾人立身涉世，处处皆是诚中形外，拳术何独不然。试观古来名将，如关壮缪、岳忠武等，皆以识春秋大义，说礼乐而敦诗书，故千秋后使人生敬仰崇拜之心。若田开强，古冶子辈，不过得一勇士之名而已。盖一则内外一致，表里精粗无不到，一则客气乘之，自丧其所守，良可慨也。宋先生又云："拳术可以变化人之气质。"余自审尚未能见身体力行，有负前辈之教训。今值江苏省国术馆有十八年度年刊之发行，余服务馆中，亦即两载，才识浅陋，尸位贻讥，故以闻之前人者略一言之，以志吾愧。

缅怀我的父亲孙禄堂

孙剑云

我自幼即在父亲膝下，直至他去世从未离开过。父亲一生谦虚，很少和家人谈及他早年的事迹，也从未见他向学生夸耀过自己，因此对他早年的经历知者甚少。晚年的情况由于是我亲眼所见，故至今记忆犹新。

父亲一生酷爱拳术，钻研拳术。他曾对我说，行、动、坐、卧无一不是在练拳，拳之理存乎于万物之中。他本人的日常功课便是练拳、写字、读书。我常常见他忽而习字、忽而又练上一段拳，方才收住手脚，立刻又拿起书本，时常脸上露出似有所悟的神情，便记在一个笔记本上。这是一个厚厚的本子，上面记满了他的心得体会，可惜后来此本落入他人之手，至今下落不明。他教我们练拳极为严格，要求练拳时精神集中不容松懈。有时我们两三遍还学不会，他就感慨地说，"我当初学拳，老师只教一遍，哪像你们，有我手把手地教还不会。"记得在学八卦剑时，我和父亲练对剑，他常用竹剑把我的手腕点得青一块紫一块，母亲心疼地责备起来，父亲说："不如此她永远记不住，"令我继续练下去。父亲虽然武艺大成，但仍不放松基本功的锻炼。记得在我家的里外屋之间挂着一个布门帘，父亲每经过时都要抬腿踢上几脚，而每次又是足尖点在同一个部位，久而久之那里就破了，母亲只好补上一块，过一段时间又破了，就再补上，不知补了多少次。

有一次我和父亲在屋里推手，数合之后我只觉得突然两脚离地急速地向着后面飘去。时值冬天，后面正是一个火炉子，我下意识地想着"完了"，坐在一旁的母亲也惊呼起来，可是声音未落，父亲已经把我拉住又轻轻地放回原处。在此后的几十年中，我还未曾见过推手有达到这样境地的。

父亲自幼家贫失学，他的文化全是习武之余刻苦自学求得的，他精通诗书，特别是易经，谈论起来常使文人学士为之折服。父亲的弟子中颇不乏文人，有许多就是看到父亲著作之后至我家访问，倾谈之后磕头拜师的。过后有不少人告诉我说，当初以为一个武人能谈出多少道理？及至交谈之后才觉得老师学识渊博。那时，家中几乎每日都有人来访，不少是来比武的，父亲总是茶饭招待之后再与之比较，大多是拜师之后离去。父亲常对我们说，要以德服人，以理服人，不要以力服人，这样才能使人心服口服。

父亲70岁时任江苏省国术馆副馆长，我也随之同往。记得开学典礼上，同学们请父亲表演一下，父亲笑答道："好，就在这大厅之中，你们一起来捉我，有摸到我衣服的就算他优胜。"话音刚落，一百多学生一拥而上，父亲长衫也不脱去，在这个能容纳四五百人听讲的大厅里，或从人隙中，或从头顶上，往来飘忽。我站在旁边也未能看清楚他究竟是如何闪展腾挪的。好久，众人都气喘吁吁，也未能有人摸得一下。在镇江的时候父亲经常带着我们出外散步。一日晚饭前，父亲又带着我们一群人出外散步。国术馆建在镇江阳彭山上，出门便是山路，父亲指着上山路说，你们练了这么久，不知功夫可有什么长进，你们愿意试试吗？我们都表示"愿意"。父亲说："我在前面走，你们在后面追，有追上者为胜。"说完向山上走去，我们在后面使出全身之力紧追不放，追了有二里多路，父亲始终将我们落下丈余，看我们实在跑不动了，父亲方收住脚步，哈哈一笑说，你们的功夫还差得很远，还要多努力才是。他对我们说，年轻时从郭云深先生学习时，经常是郭先生纵马驰骋，而他自己则手揽马尾日行百余里。父亲年轻时确实极有脚力，他从保定步行至北京，总是夜间启程天明即到。

对于练拳，父亲一生有不少体会，但他经常说拳术的诀窍就在一个"练"字，"人一能之己百之，人十能之己千之"。他自己会拳械百余种，内功更是超凡，但每到一处，总要寻访高人逸士，讲求技艺。他常教导我们说，艺不压身，要虚心向别人学习，博采众家之长，如海之纳百川。父亲一生从无门户之见，无论内、外家拳师，只要来访一律热情接待。对于当时武术界出现的个别恃强凌弱甚至欺师压人等现象，父亲非常气愤，嘱我们切不可学，一生要谨守"忠厚"二字。

这些事情都过去几十年了，现在的时代和那时也大不相同了，但许多道理对今日的后学者仍可借鉴。上述如果能对大家有点益处，那就是对先父最好的纪念了。

孙禄堂先生行状

孙君禄堂，讳福全，号涵斋。河北蒲阳人也。前清府选用知县、知州等职。民国历充法政学校武术教授、国务院卫队总教习、总统府校尉承宣官、中央国术馆武当门门长、江苏省国术馆副馆长兼教务主任等职。民国十八年，浙省举办国术游艺大会，孙君为副评判委员长。嗣后沪上举办国术大赛，孙君又为评判主任。孙君十二岁从李奎垣先生习形意拳，十五岁复从郭云深先生学，相随八年。后从程廷华先生习八卦拳，并得郝维桢（为真）太极之传。孙君天禀气质超迈绝人，又虚怀若谷，专心潜学，于形意、八卦、太极拳皆能穷其理而绝其术焉。谓之形意拳刚球也，八卦拳弹簧球也，太极拳皮球也，三劲一理，皆为中和真一之气一以贯之，纯以神行之道也。孙君习拳不分派别，融会三家拳术，独能贯通为一，其艺之精微，功之绝纯，南北拳家无出其右矣。孙君弱冠时即游历南北，凡闻有艺者，必访至，切磋、较艺五十余年，未遇其匹。又尝屡挫日俄等国力士，海内武术家无不称道，从之者甚众。今之国术名流金一明、曹晏海、马承智、胡凤山、李润如、童文华等皆为其门人也。孙君生平负气节，清室肃王意公慕其名，折节下交，孙君除论拳外，从无一事请托。以是缙绅孙君益重焉。孙君为人重然诺，有古风粹然之气见于面背，其仁义之心、肝胆相照，非常人可比。乡有夫，外出数年，其妻贫不能守，孙君故托其夫之信，予以金。其夫后果归，得免仳离。孙君之隐德类如此。晚年归平，道骨仙风，气象绝好。岁癸酉十月，以无病卒于里第。享年七十有五。生平著有《形意拳学》《八卦拳学》《太极拳学》《拳意述真》及《八卦剑学》，其子存周、女剑云能继其传。余与孙君相识有年，受益良多，略知其行状，谨为之录。

许霁厚　1934年5月
载于《体育月刊》

孙禄堂先生传

孙禄堂先生，讳福全，直隶完县人也。幼从李奎垣先生读，兼学形意拳，又从奎垣之师郭云深先生学，所至必随。郭骑而驰，先生步行，手揽马尾，日常行百数十里。至京师，又从程廷华先生学八卦拳。后遇郝维桢（为真）先生，得太极之传。故先生精三家之技而能融合为一。至若外家拳械，通者数百种。盖先生于武术，殆有天授焉。徐世昌督奉天，尝居其幕下。保知县，后为总统府校尉承宣官。南京国术馆成立，聘为武当门门长。以嫉之者重，不合辞去。后江苏国术馆聘为副馆长兼教务主任。成就武术人才甚众。先生通易理及算数、奇门遁甲、道家修养之术，道德极高，与人较艺未尝负，而不自矜。喜虚心研究，老而不倦，所诣之精微，虽同门有不知者。盖先生于武术，好之笃、功之纯，出神入化，随机应变，而无一定法。不轻炫于广众，故能知其深者绝少。完县尝大旱，贷钱利半于本，先生怜焉，散钱于乡农而不取其息，乐善好施，莫不感德。任江苏国术馆副馆长三年，倭人入寇，先生遂归北平，壬申九月，忽欲回乡里，家人留之不可，既归。每日书字练拳无间，惟不食者二旬，预知殁之日，临终见佛至接引，嘱家人诵佛号，勿哀哭，安坐而逝，曰："吾视生死如游戏耳。"其所养至此，岂偶然哉？先生著有形意、八卦、太极拳学、八卦剑学、拳意述真传于世。余承先生教诲二十余年，略知先生生平，谨为之传。

陈微明

1934年8月载于《国术统一月刊》

孙禄堂小传

孙禄堂讳福全，晚号涵斋，河北省完县(今属望都县)东任家疃村人。生于咸丰十年十一月十五日申时(公元1860年12月22日)逝于民国二十二年夏历十月二十九日卯时(公元1933年12月16日)。

孙禄堂早年精研形意拳，师从李奎垣、复从郭云深，共11年，其间又得宋世荣、车毅斋、白西园诸前辈亲授，故孙之形意拳功夫臻于尽善。继而孙又从程廷华习八卦拳，尽得壶奥。1886年春，孙禄堂只身徒步壮游河北、河南、湖北、四川、湖南、广东、江西、安徽、浙江、江苏、山东诸省，时间长达两年半，其间曾访少林、朝武当、上峨眉，闻有艺者必访至，逢人较技未遇对手。一路所行奇事极多，闻名遐迩。至1888年秋，孙返归故里，年底创"蒲阳拳社"。1907年，孙随东北总督徐世昌赴奉天，任徐之幕宾。后保知县、知州未临莅。1912年，孙禄堂在北京遇太极拳名师郝维桢(为真)。时郝已年过花甲，病困交加。孙闻之，将郝接至家中，请医喂药，月余郝愈。郝感其恩，遂将自己所习太极拳之心得窍奥告之孙禄堂。时郝一语方出，孙已通悟，使郝惊讶不已。郝曰："异哉！吾一言而子通悟，胜专习数十年者。"盖因形意、八卦、太极三家拳术至最高境界其道理可自通。1918年，孙禄堂经过自己数十年深修研悟，将形意拳、八卦拳、太极拳三门拳术从理论到内容提纯升华融合为一，创孙氏太极拳。同年，徐世昌亲访孙宅，请孙入总统府，任六等校尉承宣官。1928年3月24日，南京中央国术馆成立，孙受聘为该馆武当门门长。6月又被聘为江苏国术馆副馆长兼教务主任。至1931年10月返京。

孙禄堂深通黄老、易学、丹经，并博学百家，习武修文殆有天授，故能集中国传统哲学思想与武技之大成，提出"拳与道合"的武学思想，并以此为指导完成形意、八卦、太极三拳合一的理论和修为技术体系。自1915年至1932年，孙前后撰写出《形意拳学》《八卦拳学》《太极拳学》《拳意述真》《八卦剑学》五部专著及《论拳术内外家之别》《详述形意、八卦、太极之原理》等重要论述。影响极为深远。

孙禄堂不仅通透形意、八卦、太极三门拳术之真谛，而且于内功修养、点穴、轻功、枪、剑诸技皆精纯入化，披靡宇内。时人评曰：孙禄堂武功已至"依乎天理,批大郤、导大窾神乎之游刃"的武学最高境地。为当时武术界之领袖人物。形意八卦名家张兆东先生晚年对友人曰:"以余一生所识,武功堪称神明至圣登峰造极者独孙禄堂一人耳。"

孙禄堂武功之绝伦,能于行止坐卧间,周身各处皆可扑人于丈外,无时不然,又能于不闻不见之中觉险而避之。孙禄堂年近半百时,曾信手一拳击败挑战的俄国著名格斗家彼得洛夫。年愈花甲时,力挫日本天皇钦命大武士坂垣一雄。古稀之年,又一举击败日本5名技击高手的联合挑战。据史料记载:孙禄堂一生,自二十余岁成名后,与人切磋、较技不曾一负,亦未遇可相匹者。故在当时武林中享有"虎头少保,天下第一手"之誉。

孙禄堂不仅武功冠绝,且道德修养弥高。多次扶危济灾,救乡民于水火。1919年,完县大旱,孙倾其家资散钱于乡农,不取本息。而周济武林同道之事更不胜枚举。时人评曰:"孙之忠义之心肝胆相照非常人可比。"故被后人尊为武圣,垂范武林。

孙虽名满天下,然而俭素质朴如初,一生淡泊名利,不阿权贵,立身涉世"诚于中而形于外",不图虚名,而世人莫不称其仁。晚年,孙隐居乡间,预言自己去世之日,不食者二旬,而每日书字练拳无间。临终时,孙面向东南背靠西北,端坐椅上,嘱家人勿哀哭并曰:"吾视生死如游戏耳。"于清晨6点5分含笑而逝。逝世时尚遗有《八卦枪》一书初稿。孙禄堂无疾而逝,震动武术界。《大公报》报道了孙逝世的消息及生平,内云:"君之拳术不分派别。合形意、八卦、太极三家，一以贯之，纯以神行。海内精技击者皆望风倾倒。为人重然诺，有古风粹然之气，见于面背。……岁癸酉十月，以无病卒于里第。"南京、上海各武术团体也于"功德林"为孙举行公祭，由当时民国政府行政院秘书长亲自主持，场面隆重。同时，北京、天津各武术团体及孙门弟子亦为孙举行了隆重的追悼活动。北平国术馆副馆长许禹生感叹曰："从此天下无圣手。"保定国术馆副馆长刘纬祥曰："今后我无问技之人了。"

孙禄堂一生弟子众多，遍布海内外。其中著名者有：孙剑云、孙存周、齐公博、孙振川、孙振岱、陈微明、裘德元、任彦芝、陈守礼、支燮棠、靳云亭、胡凤山、龚仲衡、朱国桢、刘仲邦、李老丹、崔老玉、李墩素、刘如桐等。其中以剑云、存周为著。孙剑云得其神，为孙门武学之发扬光大者。孙存周得其髓，技击独步斯时。以上其余所列者亦皆身怀绝技，无浪徒虚名辈。刘如桐在美国加州创办"中华武术院"，影响很大。陈微明创办"致柔拳社"开普及太极拳之先声。齐公博承办"蒲阳拳社"，教授乡里直至1958年。皆有贡献于武术事业也。

一代宗师　千秋武圣
——孙禄堂先生生平

孙福全，字禄堂，晚号涵斋。河北省完县东任家疃村（今属望都县）人。生1860年12月22日（农历1860年11月15日申时），逝于1933年12月16日（农历10月29日卯时），享年73岁。禄堂公师经多门，集形意、八卦、太极精华，创孙式太极拳，并著拳学5部。为清末民初蜚声海内外的武学大家。

  禄堂公9岁丧父，家境清贫，为免遭欺侮，自幼即习练武功。拜当地吴姓拳师。几年后，六十四散手、童子功、轻功铁锡碑和弹弓等少林武功即演练纯熟，得心应手。

  1872年，禄堂公12岁时离别母亲到保定府一家毛笔店学徒谋生，得遇形意拳名家李奎元（奎垣）先生。李先生善小楷，常走动笔店，识其武才收为弟子。由于天份所至，两年余即尽得师技。其师通达，不误人才，遂荐给自己的老师——河北形意拳名师郭云深先生处继续深造。

  1875年春，禄堂公弃业离乡，赴深县马庄，随师祖郭云深。身前马后，八度寒暑，技艺大进。师祖或人来访，或走动武林，总是让其一试身手，验证所学。禄堂公有高师指点，并苦练所至，每战必胜。师祖脸上有光，常在白西园、宋世荣等师兄弟前夸奖："福全资质特异，能修善悟，论其功夫，吾不及矣。"

  1882年，师祖嘱禄堂公广采博取，日后开武学之新河，投同乡京城人称"无敌手"的程廷华先生处习八卦拳。在进京途中，于京郊纵身擒飞鸟以献师，程师受其鸟,观其轻功,赞一声好个"赛活猴儿"。至此,随事传名"赛活猴儿"孙福全叫响京城。经苦修近两年,精得点穴、闭穴、腾身术、八卦剑、八卦枪等八卦拳绝技。程师见其必能将所学发扬光大,不辱师门,即又指明径曰:"吾授徒达数百人,其天资聪慧专心潜学未有如弟者,吾与弟意气相投,故将余技尽传之于弟。如今弟之武功,环顾宇内,已无敌手。然吾门拳术皆与易理相合,弟欲登圣域尚需寻本求源,通晓易理。吾闻蜀中有精通此道者,故弟可远行矣!"

1885年,禄堂公不忘师言,登程南下十一省。于蜀中遇某高僧,从其攻易理修峨嵋气功,得其真谛。转而上武当,炼道家丹功,研究道学。楚蜀之行,所遇奇事无数,为后来著书立说,传道授技陡增基石。

1888年秋,禄堂公归里,于故乡蒲阳河畔办起蒲阳拳社,拳社成立,来访者日众。禄堂公与访者攀道,言不离中庸,与人相较,不以气粗力猛为勇,而以不粗不猛刚柔相济的真功示人。时人评为:"依乎天理,批大郤、导大窾(庄子语)神乎之游刃,然遇同道中人,罔不谦逊,如无所能者,而忠义之心肝胆照人,尤非常人可相与之比也。"

1907年,东北三省总督徐世昌久闻禄堂公武功冠绝天下,请往东北。此时正值政府腐败,军阀混战,民族自信跌至低谷。禄堂公怀强国强种、振作民族精神之心，携师弟李文彪北上奉天（今之沈阳）应聘。到奉天不久，即因斗胜地痞"盖三省"扬名东北，继而又于次年登擂拳打欧洲著名重量级技击家、俄国人彼得洛夫。1909年，禄堂公随徐返回北京。

1910年，禄堂公看到欲发扬武术，不能偏安乡间，即举家迁至北京，在东城牛圈胡同租一民宅安家。先后在东城干面胡同、宣武门内和天津设了三家武馆。以后禄堂公又巡回于京津两地收徒授技，亦广为结交同道，切磋技艺，所遇者无不钦服。向恺然先生曾谈道："京城为全国首善之区，各派高手云集，孙禄堂先生于内外家功夫无所不精，每日来访者络绎不绝，然而无论是交手实战还是演示些手法，来访者无不惊服而去。"

1914年6月6日，禄堂公晚年得女，自此禄堂公三子二女（三子与四女较早谢世）。子女家学渊源，均精拳术，功夫最著者当推次子存周和小女剑云。存周功至壁上挂画，剑云拳神俱佳，尤善剑术，父授纯阳剑、八卦剑、三才剑，即便今日八十高龄仍身手矫健，不减当年。

民初，经友人介绍，与武式太极传人郝维桢（为真）先生相识。郝先生初次来京，身患痢疾，除同乡杨建侯外无一熟人。禄堂公念其同道，接至家中，请医服药，朝夕相待，月余而愈。郝先生感其萍水相逢，解其危难，无以为报。即以平生所学相告，以助禄堂公合三家为一。郝先生一语出，禄堂公当即通悟，后经切磋，郝先生不禁惊叹道："异哉！吾一言而子通悟，胜专习数十年者。"禄堂公释其因道："盖因形意、八卦、太极形式虽异，究其理实乃一家耳。"后经细心揣摸，创立了三派合一理论，是对拳术理论的一大贡献。并以此为基础，创孙式太极拳。是年秋，举家迁至东城干面胡同。

1915年6月，禄堂公所著《形意拳学》出版发行。这是中国武术史上第一部理论系统、论述详尽、留影存形的武学著作。时至今日，拳书繁多，但论述精详、深入浅出者尚未出其右。拳著出版后，当年宣统皇帝的课师之一、翰林陈曾则（即陈微明）见书中论理精微，遂拜访之，禄堂公纵谈形意拳之善，以形意逆运先天自然之气，乃中庸之致中和，孟子所谓直养而无害。陈闻宏论，当即拜师，后武学有成。

1916年，北京民间习武之风日盛，各大中院校皆设有国术课程。禄堂公会同杨少侯、杨澄甫、纪子修、刘恩绶、刘彩臣、张忠元、佟瑞浦、吴鉴泉、姜登撰、兴石如、许禹生等开办北京体育讲习所。禄堂公于授课中文武并举，边教套路，边述易理和儒释道三家之学与武学的结合，深受师生欢迎。北京高等师范学校（北师大前身）校长陈宝泉先生听课后，连夜访之，二人从周易、老庄谈到武功修炼，从有益卫生谈到强族强种，长谈至天亮。陈先生与人谈起这次夜访称："孙先生之学识、修养见解不仅武人中可谓绝无仅有，即于文人学者之中亦属罕见。"同年，《八卦拳学》脱稿。

1919年春，禄堂公接到徐世昌劝其从政的信函（徐于1918年10月利用安福会选为大总统来京），同时又得知家乡旱灾。禄堂公先携大洋千余元，返乡赈灾。至秋返京。并碍于与徐在奉天的两年之交，出任了总统府武承宣官兼武术总教官。11月《太极拳学》脱稿。

1921年，禄堂公轻取来华与之较技的日本大正天皇钦命武士坂垣一雄。

1923年《拳意述真》脱稿。

禄堂公在京期间，往来于京津两地，先后结识了李存义、张兆东、杨少侯、杨澄甫、恒寿山、李瑞东、李书文、张策、尚云祥、韩慕侠等。其中李书文与当时直隶督办、身怀绝技的武当剑传人李景林将军谈其见闻时称："近来结识蒲阳孙禄堂，此人武功可算当今第一手。"李默记在心，不久相会于津，深谈后二人道义相交，结为挚友。此后，李提起禄堂公，前面号以"虎头少保、天下第一手"。此号不久而闻武林。

1924年，禄堂公辞去官职，往山西指导国术。宋世荣前辈称赞禄堂公之艺曰："仁棣学于后，空于前。先宗绝学有续。"

1925年1月前《八卦剑学》脱稿。

至此5部拳学著作全部出版发行。

1928年，禄堂公应南京中央国术馆馆长张之江将军(原西北军冯玉祥旧部、六合八法名家)、副馆长李景林将军的邀请,由弟子杨世垣陪同,从天津乘轮船南下,由上海登陆。上海一方原不知有太极拳,辛亥后太仓中学首聘禄堂公之三子务滋教拳,太极拳在江南始露端倪。至1924年,弟子陈微明在西藏路宁波同乡会设致柔拳社,各报大事宣传,太极拳之名方为人所知。禄堂公到沪后,在弟子家小住,后达南京,遂被中央国术馆理事长李烈钧授予武当门门长。

1928年春,江苏省立国术馆成立。馆长为省主席钮永键。钮执意聘请禄堂公赴镇江主持武馆,任副馆长兼教务长。当年随其上任的有齐公博、孙振川、孙振岱等弟子。自此禄堂公往来于南京、上海、苏州、杭州等地传艺授徒,短短几年,桃李遍及江南。

1929年杭州举办博览会,专设国术游艺会——全国首届武术擂台赛。两千余名豪杰云集杭州。大会裁判长李景林,禄堂公任副裁判长。大会第一天各门派表演,第二天,禄堂公等名家表演。禄堂公之弟子曹晏海、胡凤山、马承智等一路势不可挡,皆进入擂台赛前六名。以后,曹晏海、马承智又获得上海国术大赛的冠、亚军。

1930年,江浙水害,上海各界发起募捐。禄堂公带弟子和学生赴上海参加义演。禄堂公当年已70岁高龄,为壮行色,亲自登场表演形意拳杂式捶之明劲,其劲雄浑绝伦。收式时,但见白花花的长髯直立而起,成为义演中最感人的节目。举办单位授予金奖杯一尊，上隽文"龙马精神"，八棱金表一枚，表背隽文"热忱匡助"。

1931年春，禄堂公摒弃旧俗，在镇江武馆开设了女子武术班，招生60人。并电传女儿剑云南下，担任教习。九一八事变后，国难当头，禄堂公无心授业，于年底辞去国术馆职务，返回北京寓所。

1932年，由大理院后身旗守卫22号迁至太仆寺街新建胡同甲10号。

1933年夏，禄堂公回到离别23年的家乡。在当年完县教育局长刘如桐的提议下，成立了蒲阳国术研究社，收闭门弟子18人，后被誉为完县十八侠。禄堂公白天授徒，晚上撰写程师所传《八卦枪学》。并予言自己去世之日。

1933年12月16日，禄堂公端坐椅上，面向东南背靠西北，嘱家人勿哀哭，并曰："吾视生死如游戏耳。"于6点零5分一笑而逝。

禄堂公无疾而终，气息虽无，但面润如生。入棺后第四天，有一路人寻至家中，拿出一封信，说村外桥头有一名孙禄堂的白须老者，叫把此信交给近亲之人。次子存周以为无稽之谈，不予理会，路人言之不要后悔，执信而去。众人少时醒悟，欲追人阅信，但为时已晚，给人们留下了一个不解之谜。

孙禄堂先生生平及大事记

▲咸丰十年十一月十五日申时(公元1860年12月22日)孙先生诞生。

▲1865年，入私塾。

▲1867年，因父亲亡故,遂辍学。

▲1868～1872年，从吴某习内功、轻功、散手及暗器。

▲1872年年关，因母病重，先生愧悔自己无奉养之能，于夜半在村外枣林自缢，幸被路人救起。因感先生骨脉绝人，资助之。遂之携母投保定一亲友，学制毛笔。同年，被保定名拳家李奎垣看中，收为弟子。从李修形意拳兼习文。

▲1875年，李师见先生修武殆有天授，恐误先生日后前程，遂将先生荐于李之师郭云深处，从此先生从郭云深深造形意拳8年。

▲1878年，随郭云深迁往西陵。结识刘晓兰、宋世荣等。

▲1880年，随郭往白西园处，得白西园传赠形意拳拳谱，并得白西园传授武医之道。由是，先生欲参《易》修拳，以发扬光大此拳谱之奥蕴。

同年，随郭赴晋访车毅斋，在晋期间，先生与门内外同人广泛交流切磋，未尝负之。郭云深赞曰："此子真能不辱其师。"

▲1881年，宋世荣来信邀先生再往晋论拳。不久先生持信访宋，得宋讲论内功经及炼神还虚之法并论及内外家之别。数月后，先生内功进至虚境。之后，先生再返郭云深处，与郭共同研究形意拳理法，遂得出形意拳之三步功夫、三层道理、三种练法。

▲1882年，为深究拳与《易》之关系，经郭云深举荐，先生赴京城，从程廷华研习八卦拳。

▲1883年，南方某武师北上京城，专访各派名师较技，所向披靡。后访至程廷华，程之同门与南人较，皆不敌。程为避其锐，数日闭门不出。时先生新到程处不久，仅研习转掌数月，未被程师列入门内。然先生自愿要求代程师与南人一较。比试中，一出手即将南人由屋内击出窗外，南人深服之。程师亦大喜过望，遂授先生八卦拳理法及点穴、轻功、八卦剑、七星杆等绝技。因先生之形意拳已臻化境，故仅习数月，即得八卦拳之精微，由是感悟出形意拳与八卦拳其理实相通耳。

▲1884年秋，先生通悟八卦拳壶奥，代师切磋较技，每战必捷。程师遂劝先生效当年董公海川访游天下，以臻至境。程曰："汝生有宿慧始克臻此。余意，汝之技黄河南北已无敌手。禄堂前途珍重，可去矣！行矣！"

▲1885年，先生开始云游。途经河北、河南、湖北、四川、湖南、广东、江西、安徽、浙江、江苏、山东11省，其间游行郡邑乡野并曾访少林、朝

武当、上峨嵋，闻有艺者，不辞远蔽、险阻，必访至。不服与较，先生未尝负之。先生喜攀援绝险奇峰、涉大川幽谷。曾遇异人，乃一云游隐道，俗姓张。授先生修心养气大法，该法能自然辟谷，清净腹藏气血之杂物。先生将此融入形意八卦修习之中，达至腾身走凌空、慧剑射神光之境地。后又于蜀中从一高僧研修《易经》。并于武当与一陈姓隐道一同结庐，闻其讲论丹经。先生遨游方外，登云天、造九极，逐虎豹、入林莽，一路行侠奇事极多，曾多次遇匪、独斗群枭，所向披靡。南方有碑文记载。历时3年余，先生功臻造极至境。行止坐卧、一念一应，无不依乎天理合于道。于是，先生返里。

▲1888年秋，先生返回保定。因声誉极隆，欲拜师者甚众，当地拳家甚忌之，群谋暗算先生。彼察得先生有去某店饮茶之习，一日，二十余人暗伏该店内外，候至先生入店揭帘转身之瞬，伏者前后夹击，猛不可挡。先生于不意之中，剑气感发，若电光击人，使前后偷袭者皆昏扑于地。众拳家惊恐不已，疑先生为天神。时先生于武技已臻至空、至虚之化境，能有不闻不见之知觉，虽骤临不测，亦能从容应变、感而遂通。此事发生后，至先生处求教或猎奇者甚众，每日不绝。先生苦之，不久返归故里，同年，创蒲阳拳社。于是每日潜心玩味神化不测之功用，研究易经黄老奇门遁甲等学，并兼教乡人文武两道。教授弟子裘德元、张玉峰、张玉山、崔老玉、李老丹等。

▲1889年，完县县令拜于门下。同年先生与张昭贤女士完婚。

▲1890年，先生得长子。同年，经友人举荐，至丰润。为清廷招考武庠生。其间，先生曾轻取北方武术大家、被时人尊为武圣人者——武林志。

▲1893年，先生得次子。不久，经友人孙绍亭之邀前往定兴。时绍亭与当地某拳家有仇，某邀集北五省武林中之铮铮者百余人前来与绍亭决斗。绍亭仅邀到先生一人，即与彼等不期而遇。绍亭见彼等人众且皆持器械，转身即逃。先生无奈，独自应战。伤彼数十人，余作鸟兽散。而先生未遭一伤。此后讼事由绍亭办理。此事传出后，人言先生为"平定兴"。

▲1897年，先生赴京城探望程廷华。二人朝夕相处，意甚洽。数日后先生返。同门张玉奎等问程："禄堂师兄技竟何如？"程廷华曰："神乎哉！神乎哉！独步绝尘矣！"

▲1898年，郭云深在去世前，把集其一生习武心得写成的《解说形意拳经》一书交与先生。以示先生为郭之衣钵传人。

▲1899年，先生于定兴收孙振川、孙振岱为徒。

▲1900年，庚子之乱。先生不安，再入京城探望程廷华。时程已牺牲。先生遂返。

▲1900～1907年，先生继办蒲阳拳社，探究儒释道与拳学之理，教授出齐公博、任彦芝、陈守礼等

一批弟子。其间，清廷在京郊举行规模盛大之"天下英雄会"，即演武大会，邀集南北各派武林高手前来比试。先生亦前往，经比试，技冠群雄，遂在武林中享有"虎头少保，天下第一手"之誉。

▲1907～1909年，徐世昌慕先生武艺绝伦，聘请先生至奉天为其幕宾。其间，俄国及欧洲格斗冠军彼得洛夫途经奉天，经俄公使馆提议，彼得洛夫与先生进行一场比武，先生应邀前往，轻取之。于是先生名震海外。之后，徐曾保先生为知县、知州。先生婉谢之。

▲1909年，先生随徐世昌返京。不久霍元甲南下上海挑战英国拳家奥皮音，特邀先生同往，为其压阵。先生预言，彼必不敢接战。至上海，果真如此，霍深服之。

▲1910年，先生举家迁入北京。

▲1910～1911年，先生先后在邮传部、禁卫军教授武术。其间，陈法可、靳云亭等带艺拜于先生门下。先生次子亦效先生当年，独杖南游。

▲1912～1914年，先生经徐世昌恳请，随徐往青岛。其间先生收剑术家潘赞化于门下。不久，先生参加"世界大力士格斗大赛"，以全胜战绩荣获总冠军，震动世界。回京后，先生在法政学校教授武术。其间，与京津各派名家共议形意、八卦、太极、通背四门合一。后因师友之故，先生与通背名家张策较技，轻取张策。张羞败，负气出关，共议四门合一遂

告破裂。

▲1914年夏，先生得小女，并受聘在国务院卫队教授武术。同年秋，经友介绍，先生与太极拳家郝维桢(为真)相识。初，相叙投契，继而先生请问太极拳之意，遂作切磋，郝维桢自叹弗如，遂作罢。郝叹曰："异哉！吾一语而子通悟，胜专习数十年者。"盖先生之形意、八卦已涵盖太极拳之意矣。后郝氏病困于京，经先生救助，得以恢复。郝感先生之恩无以为报，知先生正研究比较各派拳术使之合一，遂将所习太极拳之心得理法相告。先生极重德行，遂折节持弟子礼。

▲1915年，撰写出版《形意拳学》一书。该书为公开出版有关形意拳之第一部专著。先生参儒道两学、合丹经易理重构形意法、理，完善形意拳体系。开亘古之未有。

▲1916年，撰写出版《八卦拳学》一书。该书是有关八卦拳之第一部专著。先生论拳，参丹经、合易理，提出一以贯之、纯以神行之道，创先后天八卦相合之技术、理论体系，授以神化不测之功用，开拳学研究之里程碑。

同年,应同门刘纬祥之邀，赴保定小察院与刘会面。因刘长一辈(然刘比先生小4岁)，先生谦之再。然刘纬祥定要与先生切磋，于是试技，先后试之三次，先生三胜刘。于是刘纬祥感谓曰："难怪郭先生把拳经传给你。"刘纬祥者，人称"刘二彪子"，乃华北形意巨匠也。

同年，北京体育研习所许禹生请先生去该所讲授太极拳。该所多有善太极者，经切磋，众人对先生之太极技、理莫不钦服。于是人称先生之太极为孙氏太极。时海内各派武林名家访先生请益者甚众，北京之四民武术社、天津之中华武士会亦常请先生去讲授拳学，然先生常感谓曰："余虽论拳不倦，然百人之中难遇一二略明其拳意者。"人谓先生独步绝巅，难闻知音。

▲1918 年，先生宗老子自然之道、合易筋洗髓两经之义、用周子太极图之形、取河洛之理、依先后易之数，融合形意、八卦、太极三门拳术之真谛系统创立孙氏太极拳之理法。

同年，开始撰写《太极拳学》。

同年，应徐世昌亲聘，入总统府任武承宣官。

同年，名士刘春霖、陈宝泉、徐树铮等投拜门下。

▲1919 年，出版《太极拳学》一书。该书为太极拳发展史上第一部公开出版的著作。先生在该书中指出太极拳之本质不过是研求一气伸缩之道。形意拳、八卦拳亦如此。一气者即中和真一之气，由无极而生。故拳学莫不是自虚而始再还于虚。形意、八卦、太极三拳用法不同，各有侧重，然其理则一也。于是揭示出形意、八卦、太极三门拳学在本质上的同一性和技术体系上的互融、互补性。

同年，完县一带大旱，先生倾家资大洋千余元赈济乡里。

▲1920年，日本大正天皇钦命大武士、全日本柔术冠军坂垣一雄前来中国向先生挑战。先生在家中接待坂垣，并依坂垣之法与坂垣试技。先生轻取之。坂垣深服，愿出两万块大洋投拜先生为师。先生婉拒之。

▲1922年，先生离开总统府，去中山公园行健会讲授拳学。

▲1923年，撰写出版《拳意述真》。先生在书中阐发拳与道合之理并论述通过修拳而至炼虚合道之亲身体悟，揭示出由拳悟道之进阶之梯，从而使拳学成为中国传统哲学中一个重要的体验体系和组成部分。

同年，北京名拳家"神鹞子"陈魁、"京西刘"刘正邦等投拜门下。

▲1924年，赴晋拜访宋世荣。宋世荣在先生所赠书中题曰："禄堂仁棣，学于后，空于前，后来居上。先宗绝学有继。"其间，宋世荣之得意门人董秀生等挽留先生数月，从先生学拳。先生为董宅题名："养性轩"。

同年，先生之次子看报时，不慎被友误伤左目。

同年，北京之高道天、海桂园、李敦素、朱国祯、龚剑堂、杨世垣等投拜门下。

同年，马良等在沪举办全国武术表演大会，特邀先生前往助兴。先生因鄙其为人,未行。

▲1925年,撰写出《八卦剑学》一书。先生在该书中阐发剑学真谛,创立由拳剑而生慧剑之法理,使剑合于道、人通于仙。直隶督办、剑术名家李景林特邀先生会晤,交流后,李深服之。之后,李常向先生请益剑法。李对武当剑对练之整理,便多得先生之助。

▲1926年,先生得道友关某(失其名),每日二人同处一室,共同合道修真。其法,不传六耳。

▲1928年,先生参加中央国术馆开幕典礼,居中而坐。嗣后被聘为中央国术馆武当门门长。后因忌之者众,先生厌于人事纠纷,改就江苏省国术馆副馆长兼教务长。

同年10月,中央国术馆举办首届国术国考,经数轮比试,先生之弟子朱国祯等居最优等之列。

同年,肖汉卿、顾汝章、胡凤山、曹晏海、柳印虎、沈祖安、金一明、金仕明等投拜先生门下。

▲1929年,发表《论拳术内外家之别》一文,谈及48年前赴晋访宋世荣,与宋讨论内功及内外家之别之事。

同年3月,马承智、李庆澜、袁伟、支燮棠、董文华等投拜先生门下。同年5月,参加"致柔拳社"创立4周年庆典。其间,与会太极名家纷纷向先生请益,于是先生分别与彼等试手,时,先生身未动而彼等已腾然飘起,众人莫不惊服之。

同年11月，浙江省举办国术游艺大会，先生为副评判委员长。先生之学生、弟子在本次比赛中表现出众。在最优等前10名中，先生之学生弟子占居半数。其中胡凤山和曹晏海还被公认为是最具实力者。

同年12月，上海举办国术大赛，先生被聘为评判委员会主任。先生之弟子曹晏海、马承智分获冠亚军。袁伟获第八名。

▲1930年，江南水灾。先生以古稀之龄参加赈灾义演，表演形意明劲杂式捶。表演中，先生之发力雄浑绝伦，神光四射，内气直贯毫发，以致须发尽皆直立而起，观者莫不叹为观止。主办者以"龙马精神、热忱匡助"之锦旗赠与先生。

同年，日本又选派6位格斗高手前来中国，向先生挑战。先生决定以一对五。时先生平躺于地，命5位日人以任意方式固压自己，另一日人喊三下，以试先生在三下之内能否起身。当日人刚喊至两下时，先生腾然而起，5位日人皆被发出数丈之外昏扑于地，一时竟不能起。日人遂惊服先生为神人。次日，日人又至，愿出20万大洋，请先生东渡日本，教授拳术，先生婉拒之。后，日人遂奉先生为文武两道三大雄。

▲1931年，先生欲寻慧达之人继承自己之拳学。于是登报招收弟子。此前先生曾寻天赋慧达者数十年，始终未遇。惟海桂园天赋尚可。可惜，1928年5月海桂园随张作霖出关时被炸死(海是张作霖的

贴身秘书)。先生此番招徒条件有三：1. 本人酷爱武术，三年之内不准备从事其他事业者。2. 大学文化程度。3. 面试合格。仅一周，报名者已达300余人，先生从中择出三人，认为条件尚可。决定使三人各承自己一门拳学。然，同年9月，"九·一八"事变爆发。国难当头，人心惶惶，其时已不具备潜心修武之环境，于是先生抱憾中断传授，于10月辞职返京。

▲1932年，发表《详论形意八卦太极之原理》一文。指出："拳术之道，首重中和。中和之外，无元妙也。"

时，北平国术馆馆长许禹生多次请先生出山，先生未允。许恳请再三，先生同意偶尔去馆中做些指导。其间，尚云祥、邓云峰、刘彩臣、许禹生、马贵、恒寿山、刘斌、马步周等常到先生家中向先生请益。切磋中，众人莫不惊服，叹先生技高不可测也。

▲1933年，先生预言自己驾鹤之日。夫人大惊，遂命其女陪先生去德国医院(今北京医院)作全面体检。先生笑曰："吾身体无恙，去何医院。只是到时将有仙佛接引，吾欲一游耳。"家人疑而不信，坚持要先生去检查。先生无奈，只得由小女陪伴去体检。检查后德国医生史蒂夫说："孙先生的身体无任何不良迹象，比年轻人的身体还要好。"归后，夫人又请名医孔伯华来家中为先生检查。把脉后，孔曰："孙先生六脉调和，无一丝微瑕。这么好的脉象，我

还是第一次遇到。"家人遂安。同年秋，先生归故里，不食者两旬，而每日习拳练字无间。至12月16日早上（夏历十月二十九日卯时），先生对家人曰："仙佛来接引矣。"遂命家人去户外烧纸。于6点5分，先生面朝东南，背靠西北，端会室中，嘱家人勿哀哭并曰："吾视生死如游戏耳。"一笑而逝。遗有《八卦枪学》一书初稿。

先生逝后，国民政府行政院及中央国术馆、江苏国术馆、浙江国术馆、上海国术馆等数十家武术团体在上海功德林为先生举行公祭。京、津、河北、山东各武术团体亦相继为先生举行公祭。《大公报》评价先生道："合形意、八卦、太极三家，一以贯之，纯以神行。海内精技术者皆望风倾倒。……为人重然诺，有古风粹然之气见于面背。"《世界日报》评价先生："其艺已臻绝顶。"北平国术馆副馆长、国术名家许禹生评价曰："孙君禄堂气质超迈、功力弥深，以禹生所躬遇而目睹者，南北拳家固未见其匹也。"国术名家李景林任山东国术馆馆长时，曾谓："环顾宇内，能集拳术之大成而独造其极者，惟孙禄堂先生一人。"形意、八卦名家张兆东对先生亦有同样之评价，张晚年曾对友人曰："以余一生所识，武功能称神明至圣登峰造极者，独孙禄堂一人耳。"山东国术馆教务长、形意拳家田振峰，一向以反孙闻名，亦曾感叹道："孙禄堂先生这一去，把形意拳的真谛都带走了，从此已没有人真正懂得什么是形意拳了。"武林名宿黄元秀亦曾曰:"近世之拳术,以形意、八卦、太极三门最为精妙,习者众,通者寡,穷一生之力能精其一者,已属难得。孙禄堂先生于形意、八卦、太极三家独能皆臻化境,除勤学善悟外,实有天赋异质、上根利器耳。"

1934年8月在《国术统一月刊》第二期上刊有"孙禄堂先生传",内中记载道:"先生道德极高,与人较艺未尝负,而不自矜,喜虚心研究,老而不倦,所诣之精微,虽同门有不知者。盖先生于武技,好之笃、功之纯,出神入化、随机应变,而无一定法,不轻炫于广众,故能知其深者绝少。"

北京市武术协会孙氏太极拳研究会
1998年8月22日

《世界日报》1934年2月连载文章

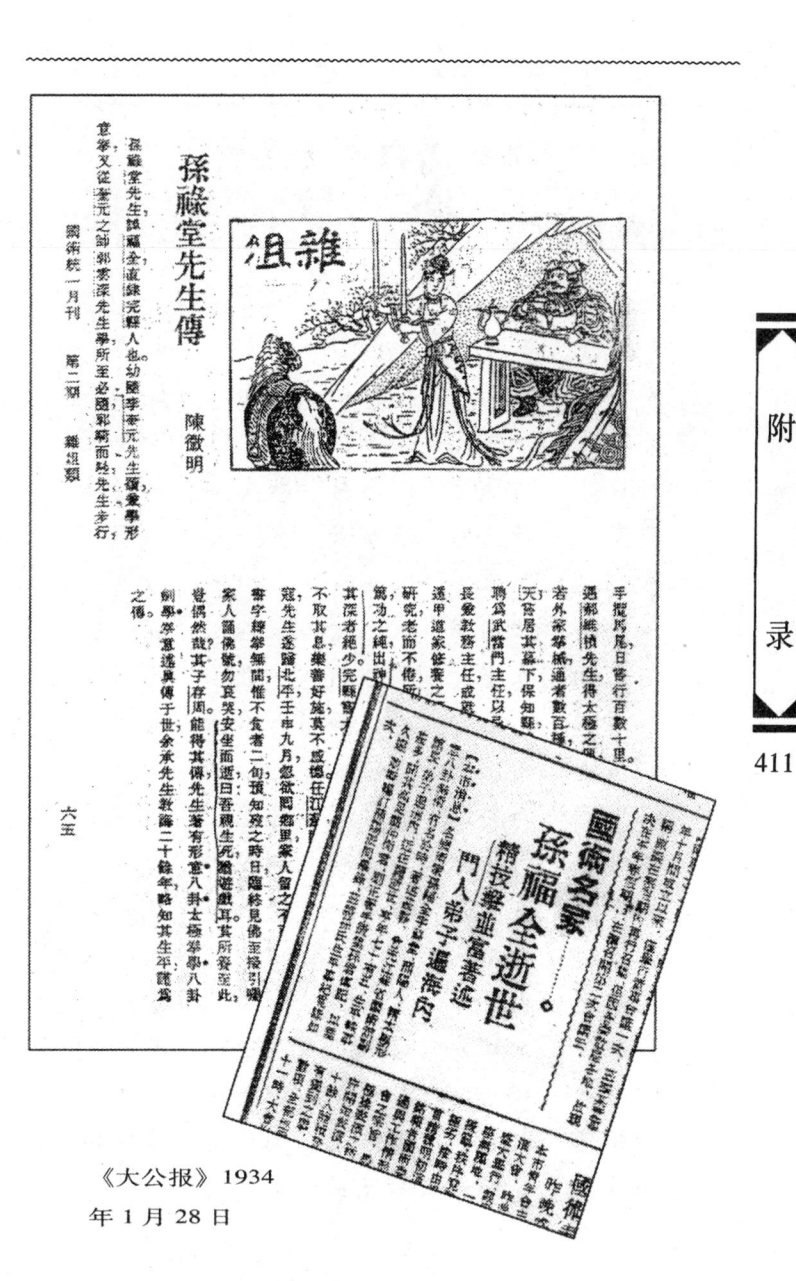

孙禄堂先生传

陈微明

孙禄堂先生讳福全，直隶完县人也。幼岁李奎元先生习形意拳，又从奎元之师郭云深先生学所至必穷。穷而后已。先生孝行过人，家贫侍母极尽孝养。遇郭纯清先生得太极之妙。若外家拳抵通数百种。天资居其最，乃保知晓。晌往武当门主任以长爱教务主任，或选透甲道家修养之说，研究老子不倦，发艺之纯出稀，其深者绝少完肖写其不取其息乐善好施莫不盛德任江湖寇。先生遂踏北岸壬申九月忽欲冈须里某人留之不，客学异拳无间惟不食者一旬预知殁之时日临终见佛至犹引登偶然藏其子存周，能得其传先生著有形意八卦佥人衽俳赠勿哀笑安坐而逝日吾视生死犹游戏其所发至此，剑学等意透真传于世。余家先生教诲二十余年略知其生平谨篡之传。

《大公报》1934年1月28日

附录

孙式太极拳传系表

第一代嫡传：

孙剑云	孙存周（以下按姓氏笔画排列）			
于化行	马　兰	马承智	方成一	支燮堂
齐公博	叶梦侠	孙少江	孙如兰	孙伯英
孙国屏	孙振川	孙振岱	朱国祯	任彦芝
刘淑芳	阳铁生	李书琴	李庆澜	李老丹
李芙初	李世戡	李墩素	张小菘	张子衡
张文义	张玉山	张玉峰	张旭光	张仲谋
张景琪	张锡君	张熙堂	张荪玖	陈一虎
陈文伯	陈守礼	陈法可	陈敬承	陈微明
吴楷之	沈玉林	肖汉卿	肖格清	宋长喜
汪宗海	汪孟舒	金一明	金仕明	金淑英
杨世垣	杨奎山	杨复春	杨德垣	周仲英
周作孚	周明叙	周锡琛	郑佐平	顾汝章
顾梦慈	单启鸾	单启鹄	郎墩甫	胡凤山
胡俭珍	姜怀素	俞亮臣	柳映虎	闻善益
侯殿元	袁　伟	奚在溪	徐克延	徐梦华
徐铸仁	徐慧舫	海桂元	贾绥卿	黄凤池
黄竹铭	崔老玉	龚剑堂	曹晏海	童文华
童麟珠	靳云亭	雷师墨	蒯晋德	鹿宏世
鹿季子	裴德元	潘子芳	潘赞化	

第二代嫡传：

孙永田	马丁·大卫	于 彬	王双合	
王启民	王治立	王铁汉	王 瑞	冯 健
白淑珍	白普山	冉 槐	申志刚	田 盼
史文慧	史奉斋	史建华	吕易儒	吴 敏
孙大纲	孙凤桐	孙雨仁	孙宝安	孙维参
后藤英二	伊藤梅子	任士岚	许国钧	
刘鸿池	刘树春	刘恩顺	刘陶新	刘清淮
刘翔飞	杜 良	杜 威	李丽君	李 顺
李鸿驹	李银祥	李慎泽	张世珍	张永安
张茂清	张伟强	张树贵	张振华	陈家伦
陈湘陵	陆布威	沈宝发	武 冬	林光荣
柳寿臣	柳杰世	杨 颖	金永平	金继宏
金继香	周世勤	郑浩繁	孟凡秋	赵振声
赵 敏	侯京生	姚建忠	徐奎文	徐恩波
袁 平	袁德安	袁深海	秦 静	高建设
梁凤翔	梁竞平	栾新春	黄万祥	阎世民
蒋 玲	傅淑媛	童旭东	焦 兴	焦冠军
谭凤雅	翟金录	樊京霞	霍培林	戴建英等等

第三代嫡传(孙剑云再传弟子)

孙 伟　孙庚辛　孙 琦　孙 鹏　刘彦龙等等

附录

国内外孙式太极拳研究会

国内：

北京市孙氏太极拳研究会
辽宁省沈阳市孙氏太极拳研究会
河北省定兴县孙氏太极拳研究会
河北省保定市孙氏太极拳研究会
河北省琢州市孙氏太极拳研究会
河北省沙河市孙氏太极拳研究会
河北省望都县孙氏太极拳研究会
江苏省淮阴市孙氏太极拳研究会
江苏省南京市孙氏太极拳研究会
江苏省镇江市孙氏太极拳研究会
江苏省太仓市孙氏太极拳研究会

海外：

香港孙氏太极拳研究会
日本孙氏太极拳研究会
美国孙氏太极拳研究会
英国孙氏太极拳研究会
瑞典孙氏太极拳研究会